놀면서 배우는 인공지능

with 엔트리와 아두이노

누구나 쉽고 재미있게 배울 수 있는 인공지능 학습서

인공지능과 친해지기

저자 황유정, 전경아

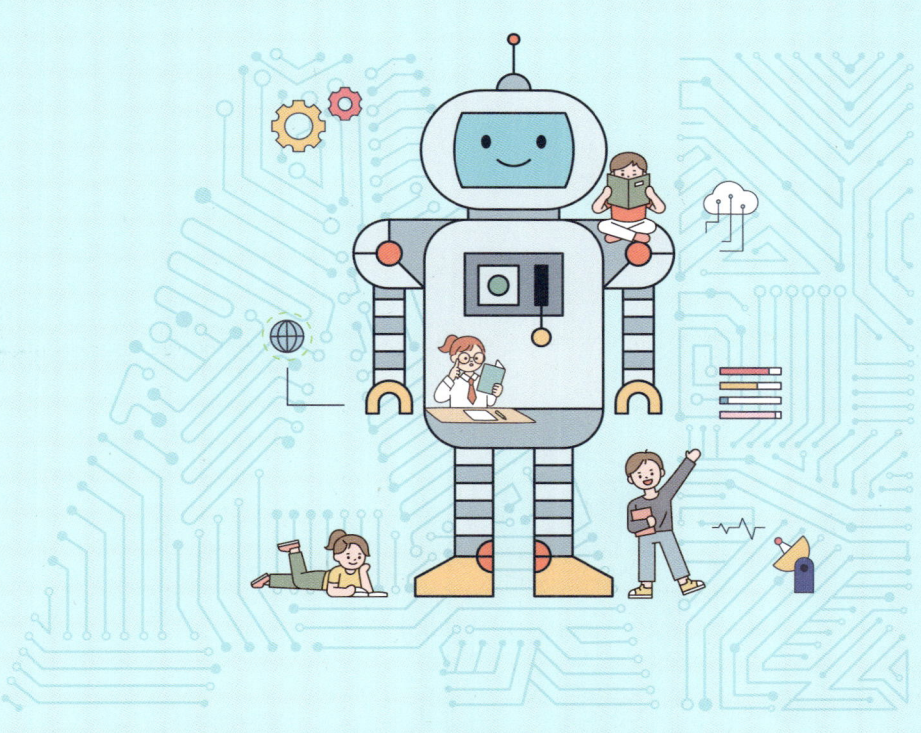

미래상상책방

시작하기 전에

이 책의 각 단원은 엔트리를 사용하여 이미지 데이터를 학습시키고 훈련해서 나만의 인공지능 모델을 만들고 아두이노와 연결하여 간단한 코딩을 통해 공작 재료로 인공지능 기술을 구현해 보는 프로젝트로 구성돼 있습니다. 여러분은 프로젝트를 진행하며 단원별 주제에 맞는 학습 데이터가 무엇인지 단계별 활동을 통해 함께 생각해 보고 찾아서 준비합니다. 준비된 학습 데이터는 엔트리를 통해 데이터를 그룹화하여 학습을 시킵니다. 학습된 데이터의 정확도를 테스트 데이터를 통해 확인하여 문제점을 찾아보고, 데이터의 추가 또는 수정을 통해 인공지능의 학습 및 훈련 과정을 이해할 수 있도록 하였습니다. 학습과 훈련을 완료한 후에는 인공지능 모델을 아두이노와 연결하여 간단한 코딩을 만들고 업로드해서 제공된 공작 재료를 사용하여 인공지능 기술을 구현해 봅니다. 완성된 인공지능의 작동을 관찰하며 문제점을 수정하고 새로운 아이디어를 더하여 다양한 형태의 활용 방법을 생각해 보고 앞으로 함께 살아갈 인공지능을 어떻게 활용하고 올바르게 사용하면 좋을지에 대해 생각해 볼 수 있도록 하였습니다.

인공지능 기술 발달로 인해 우리 주변에서 쉽게 접할 수 있는 인공지능 서비스 및 기술에 대해 이해하고 빠르게 변화하는 기술적 변화에 두려움 없이 대처하며 인공지능 기술을 활용하여 문제를 창의적으로 해결할 수 있도록 하고자 합니다.

이 책에 담긴 프로젝트를 통해 여러분들은 인공지능 학습을 놀이처럼 체험하면서 인공지능의 학습 방법을 이해하고 스스로 준비한 데이터로 학습과 훈련 과정을 통해 만든 인공지능 모델을 공작 재료와 결합하여 인공지능 기술을 구현할 수 있습니다. 엔트리와 아두이노를 즐겁게 활용하다 보면 인공지능과 함께 살아갈 여러분들에게 커다란 의미와 가치 있는 경험이 될 것입니다.

이 책은 크게 아래와 같이 구성되어 있습니다.

- **학습 데이터 찾기** 단원에서는 주제에 맞는 학습 데이터를 찾기 위해 서로 이야기를 나누어 보고 활동을 통해 어떤 데이터를 준비하면 좋을지 생각하고 정리해봅니다.
- **학습 데이터 만들기** 단원에서는 정리해둔 학습 데이터를 교재의 활동지와 주변의 사물을 활용하여 그룹화된 학습 데이터를 엔트리를 통해 입력합니다.
- **학습 및 훈련하기** 단원에서는 입력된 학습 데이터를 엔트리에서 아두이노와 연결해서 학습 및 훈련을 시키는 활동을 합니다.
- **인공지능 만들기** 단원에서는 인공지능 모델을 만들어 아두이노에 업로드한 후 제공되는 공작 재료와 연결하여 작동해보는 활동을 합니다.
- **활용 방법 및 상상 더하기** 단원에서는 다양한 사고를 통한 창의력과 문제해결력을 키우는 활동을 합니다.

인공지능의 기능과 원리를 놀이처럼 체험해보면서 여러분의 주변에서 인공지능 기술이 적용된 사례를 탐색하고 활용할 수 있기를 바라며 엔트리와 아두이노로 함께 인공지능 피지컬 교구를 만들어 볼까요?

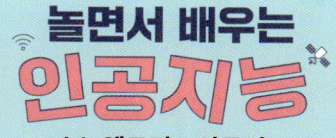

목 차

 ① 글자를 배워요 — 13p

 ② 표정을 읽어요 — 45p

 ③ 재활용 쓰레기를 구분해요 — 77p

 ④ 위험 신호를 알려요 — 111p

아두이노 만나기

아두이노 구성품 확인하기

아두이노 우노 USB 케이블 RGB LED 서보모터 점퍼 케이블

1. 아두이노는 마이크로컨트롤러 보드인 하드웨어와 개발 환경인 소프트웨어를 함께 지칭합니다.

2. 아두이노는 아트멜(Atmel)의 마이크로컨트롤러를 사용하여 제작되었으며 사용한 마이크로컨트롤러에 따라 여러 종류의 아두이노 보드가 존재합니다.

3. A타입-B타입 USB 케이블을 사용하여 컴퓨터와 연결하여 아두이노에 전원을 공급하고 데이터를 전송합니다. (3.3~5V)

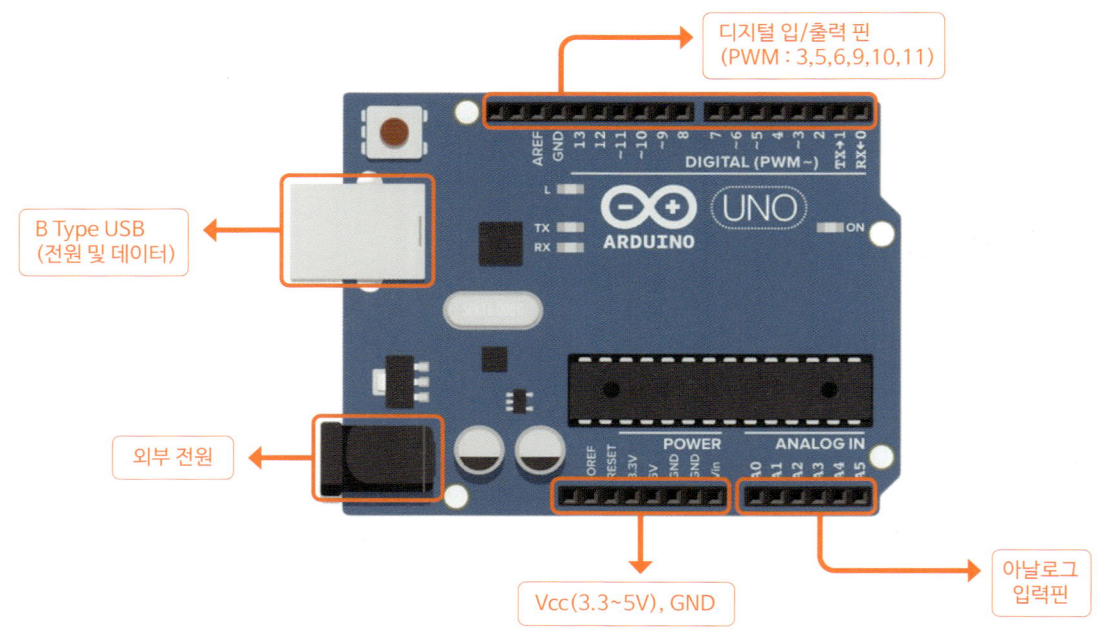

 **연결1 컴퓨터와 아두이노 연결하기**

① 컴퓨터에는 USB-A 타입, 아두이노에는 USB-B 타입을 연결해 주세요. (컴퓨터 USB 포트가 C타입만 있는 경우는 변환 젠더가 필요합니다.)

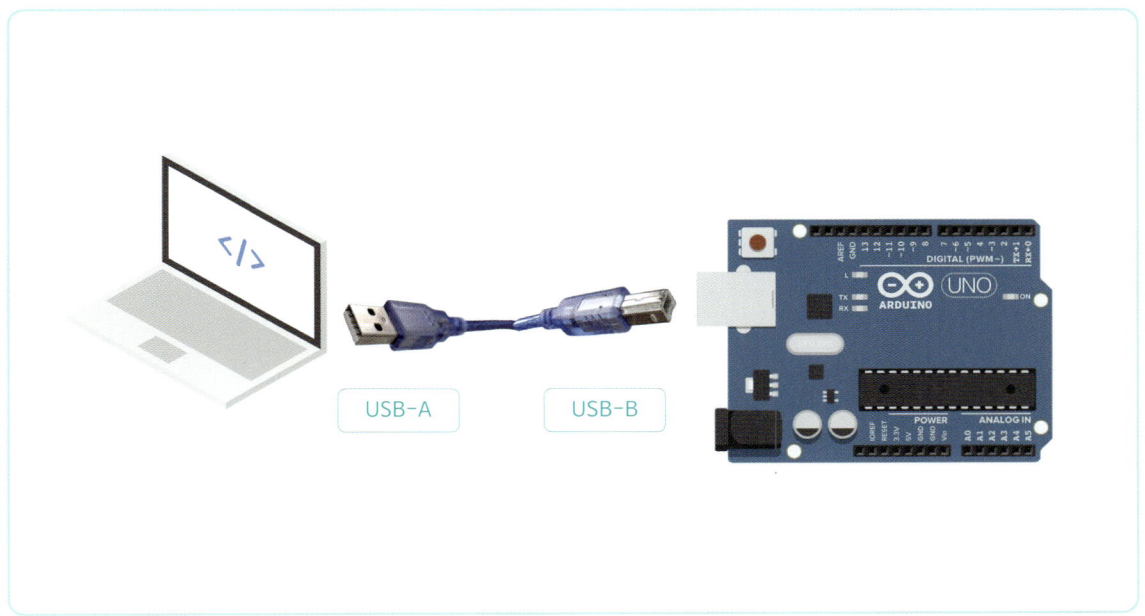

 다양한 USB-C 타입 변환 젠더

 ## 엔트리와 아두이노 연결하기

① 크롬 브라우저에서 엔트리 사이트(https://playentry.org/)를 열고 오른쪽 위의 [로그인] 버튼을 눌러 로그인합니다. (회원가입이 안된 경우는 아래쪽 [회원가입하기]를 눌러 회원가입 절차에 따라 가입합니다.)

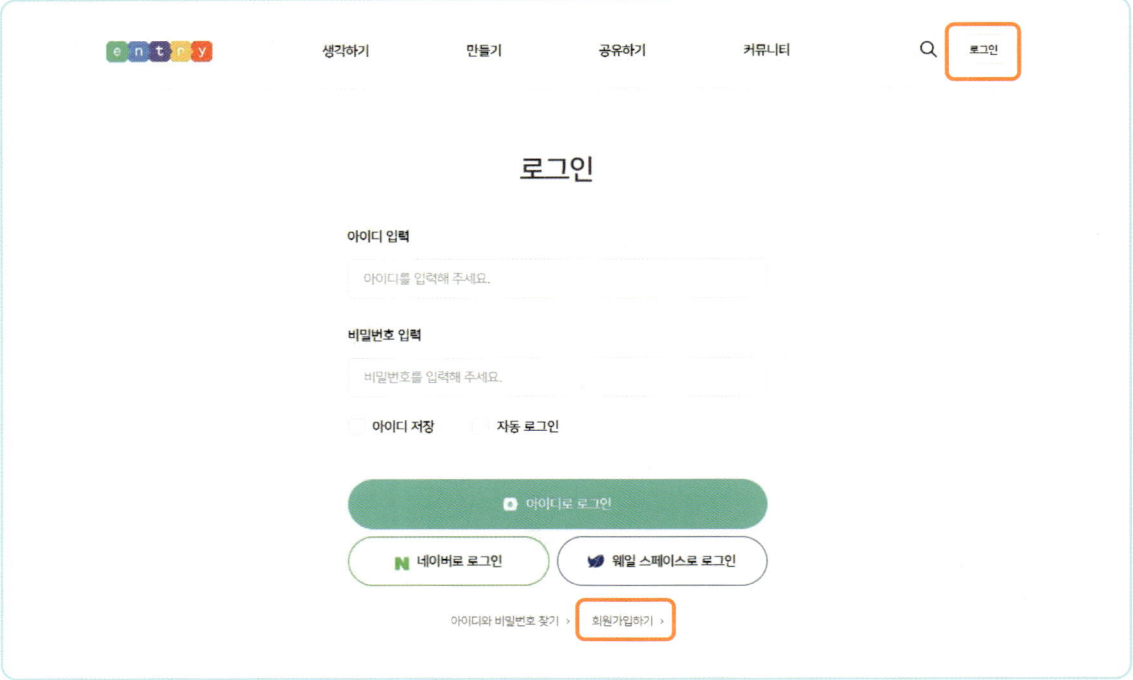

② 사이트 상단의 [만들기]를 클릭합니다. (선택 창이 뜨는 경우 기본형 선택)

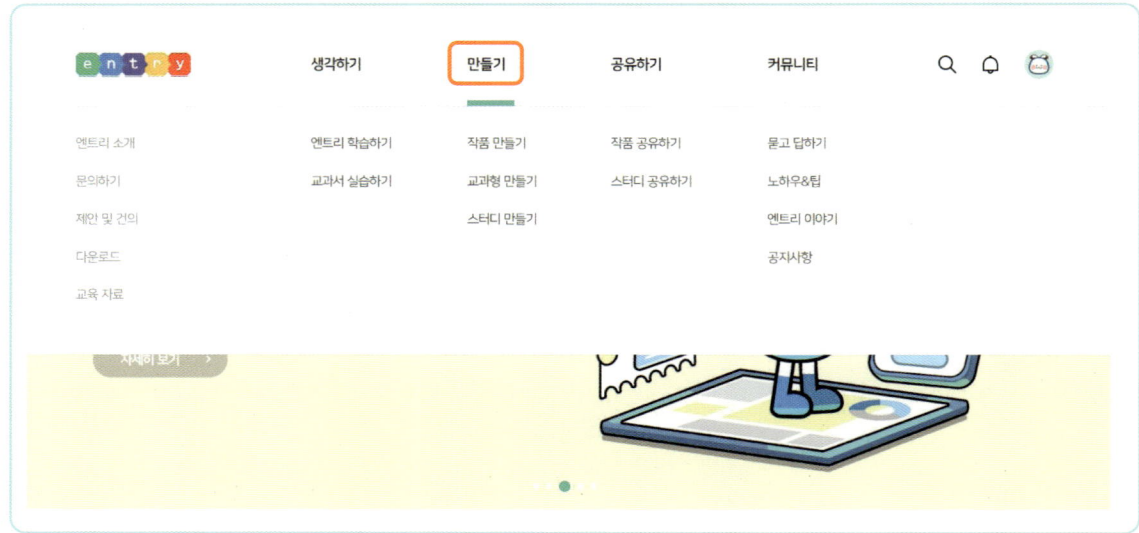

③ 엔트리가 실행되면 블록 꾸러미의 [하드웨어]를 선택한 후 [연결 프로그램 열기]를 클릭합니다.

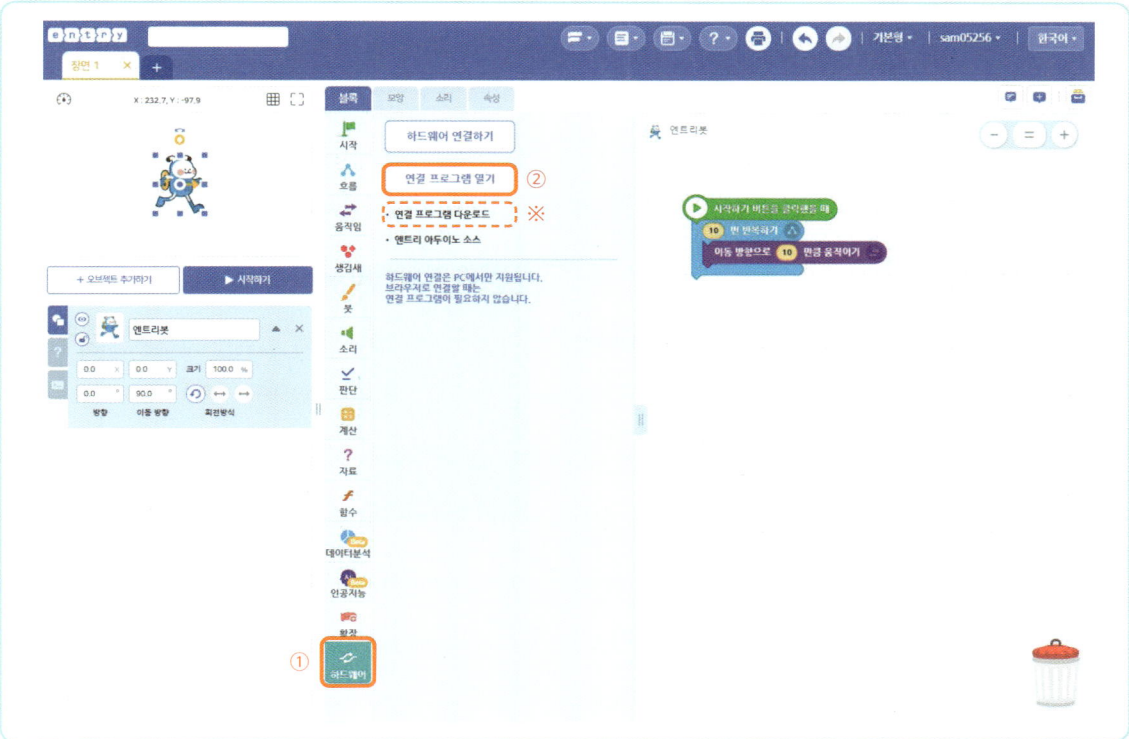

※ 연결프로그램이 설치되어 있지 않다면 [연결 프로그램 다운로드]를 눌러 아래와 같은 화면이 나타나면 본인 컴퓨터 OS에 맞는 설치파일을 선택한 후 다운로드합니다.

※ 다운로드 받은 Entry_HW_1.9.30_Setup 파일을 더블클릭하여 절차에 따라 설치합니다. (하드웨어 버전 1.9.26 이상 최신버전 권장)

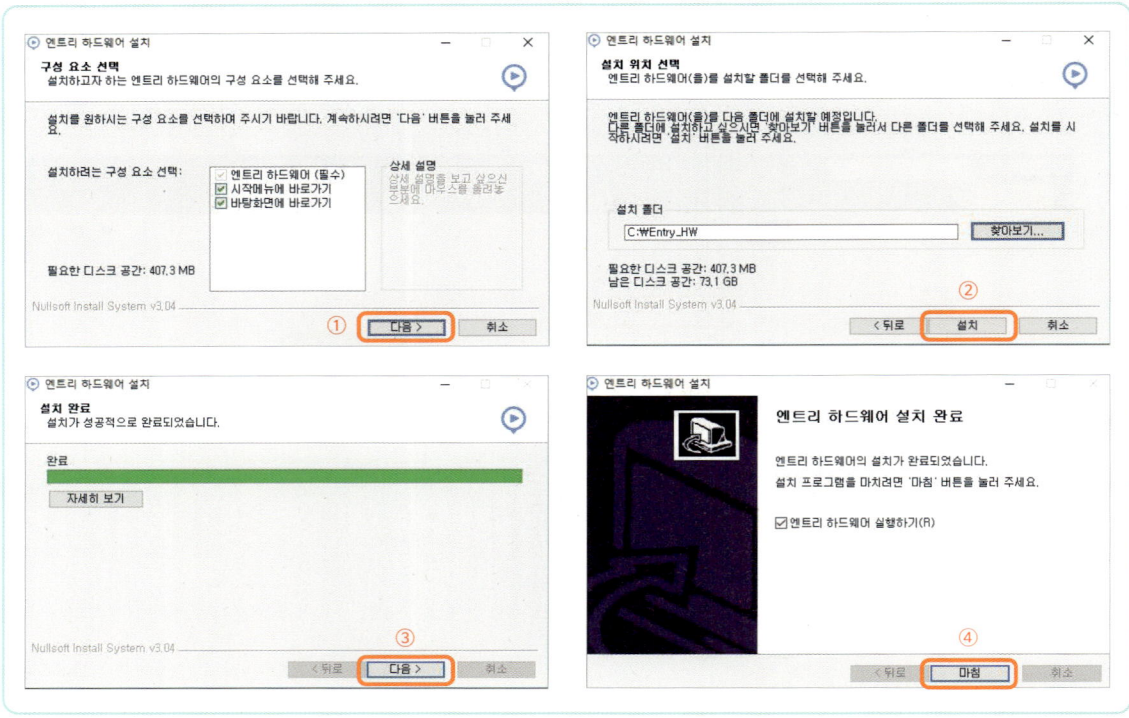

④ 하드웨어 선택 창의 찾기에서 아두이노 검색 후 아두이노 Uno 확장모드를 선택합니다.

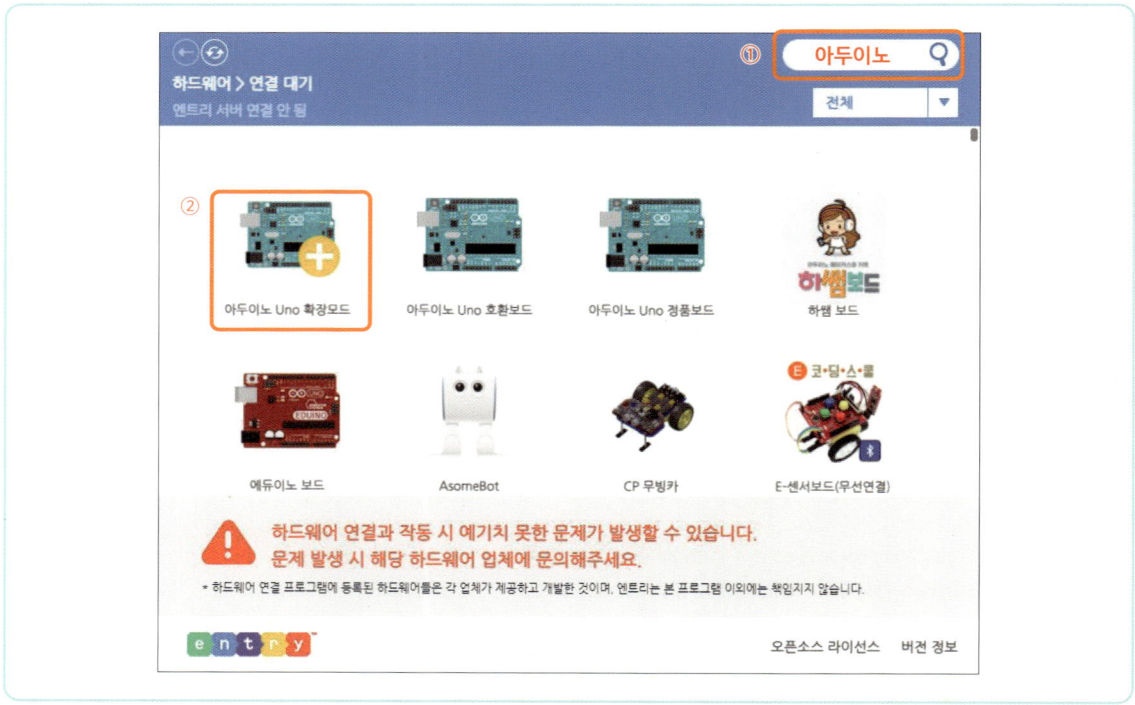

※ 하드웨어 연결이 처음이거나 안되면 드라이버 설치를 클릭하여 절차에 따라 드라이버를 설치합니다.

※ 드라이버 설치가 완료된 후 컴퓨터의 장치 관리자를 열어 포트에서 아두이노가 연결된 포트 번호를 확인합니다.

⑤ 포트 선택 창이 뜨면 아두이노가 연결된 USB 포트 번호를 선택하고 연결을 클릭합니다.

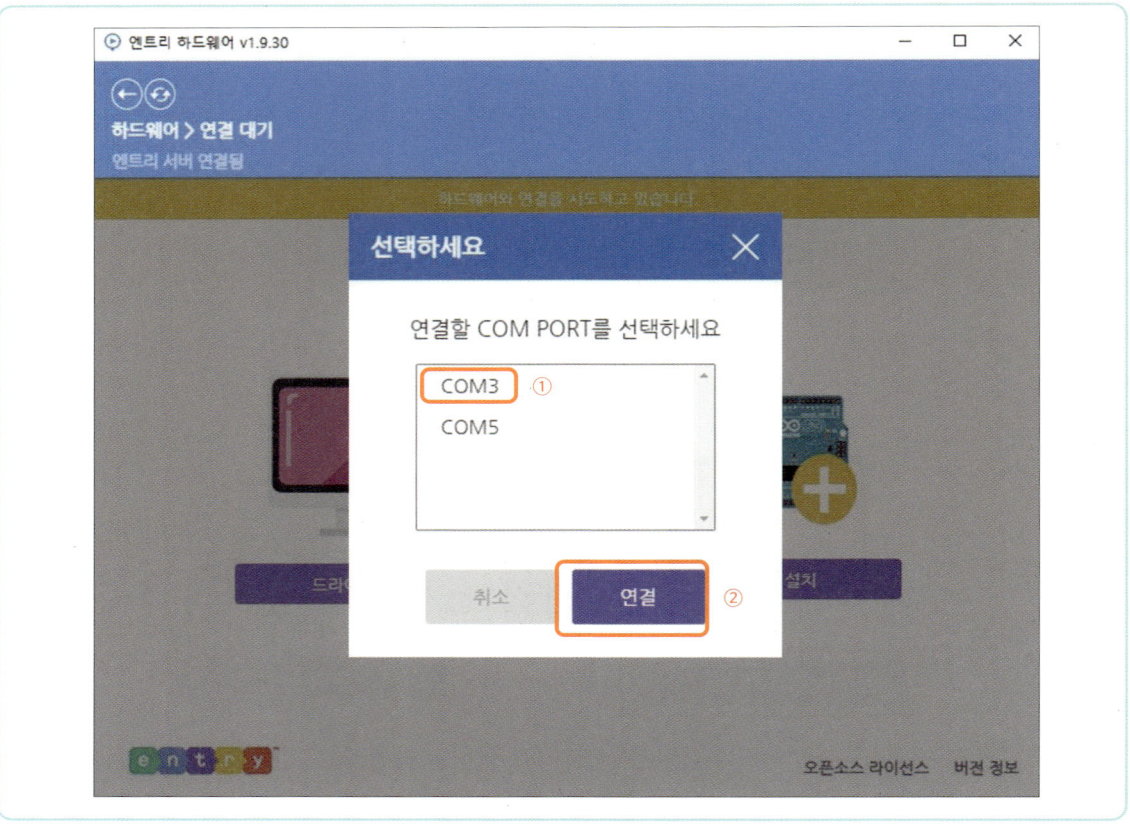

⑥ 하드웨어 연결 성공으로 넘어가지 않으면 펌웨어 설치를 클릭합니다.

⑦ 아래와 같이 하드웨어 연결이 성공하면 창을 닫지 않도록 주의합니다. (창을 닫으면 연결이 끊깁니다.)

⑧ 엔트리 블록꾸러미의 [하드웨어]에 아래와 같이 블록이 나오는지 확인합니다.

놀면서 배우는 인공지능

1
글자를 배워요

1 글자를 배워요

오늘의 준비물

아두이노 우노

USB 케이블

RGB LED

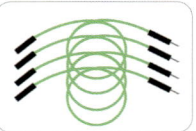
FM 점퍼 케이블 4개

학습 목표

❶ 인공지능이 학습할 글자 데이터를 만들 수 있다.

❷ 엔트리에서 글자를 학습한 인공지능 모델과 아두이노로 인공지능 LED 무드등을 만들 수 있다.

 ## 우리는 글자를 어떻게 배웠나요?

여러분은 어떤 방법으로 글자를 배웠나요?
보통은 말문이 트이기 시작하면서 글자에 호기심이 생기는 4세부터 초등학교에 들어가기 전후인 7세~8세 정도에 가정, 유치원, 학교 등에서 부모님, 형제 또는 선생님으로부터 글자를 배우기 시작합니다. 배우는 방법도 단어카드, 책, 학습지, TV 프로그램 등 다양합니다.

그렇다면 인간의 학습능력, 인지능력을 모방해서 컴퓨터 프로그램으로 구현된 인공지능은 글자를 어떻게 학습할까요? 인공지능은 인간의 학습 능력과 같은 기능을 컴퓨터에서 실현하고자 머신러닝(기계학습)이라는 기술을 사용합니다. 머신러닝은 정답을 알려주며 학습하는 지도학습, 정답 없이 입력된 데이터들에서 컴퓨터 스스로가 특징을 발견하고 규칙성을 찾아 학습하는 비지도학습, 컴퓨터가 주어진 환경에 대해 최적의 행동을 선택하는 강화학습의 3가지 방식을 통해 학습을 하게 됩니다.

이번 단원에서는 여러분이 글자를 배운 기억을 떠올려보면서 다양한 활동을 통해 글자를 학습하는 원리를 알아보고 이야기해봅니다. 우리가 인공지능에게 글자를 가르친다면 지도학습, 비지도학습, 강화학습 중 어떤 방법을 사용하여 글자를 학습시키는 것이 좋을지 이야기해보고 학습시켜 보도록 합니다.

💡 우리가 글자를 배우기 위해 필요한 우리 몸의 감각은 무엇인지 이야기해 보세요.

💡 인공지능에게 글자를 학습시킨다면 어떤 감각이 필요할까요?

재밌는 인공지능

사람의 지능을 흉내내는 인공지능은 글자를 어떻게 인식할까요?

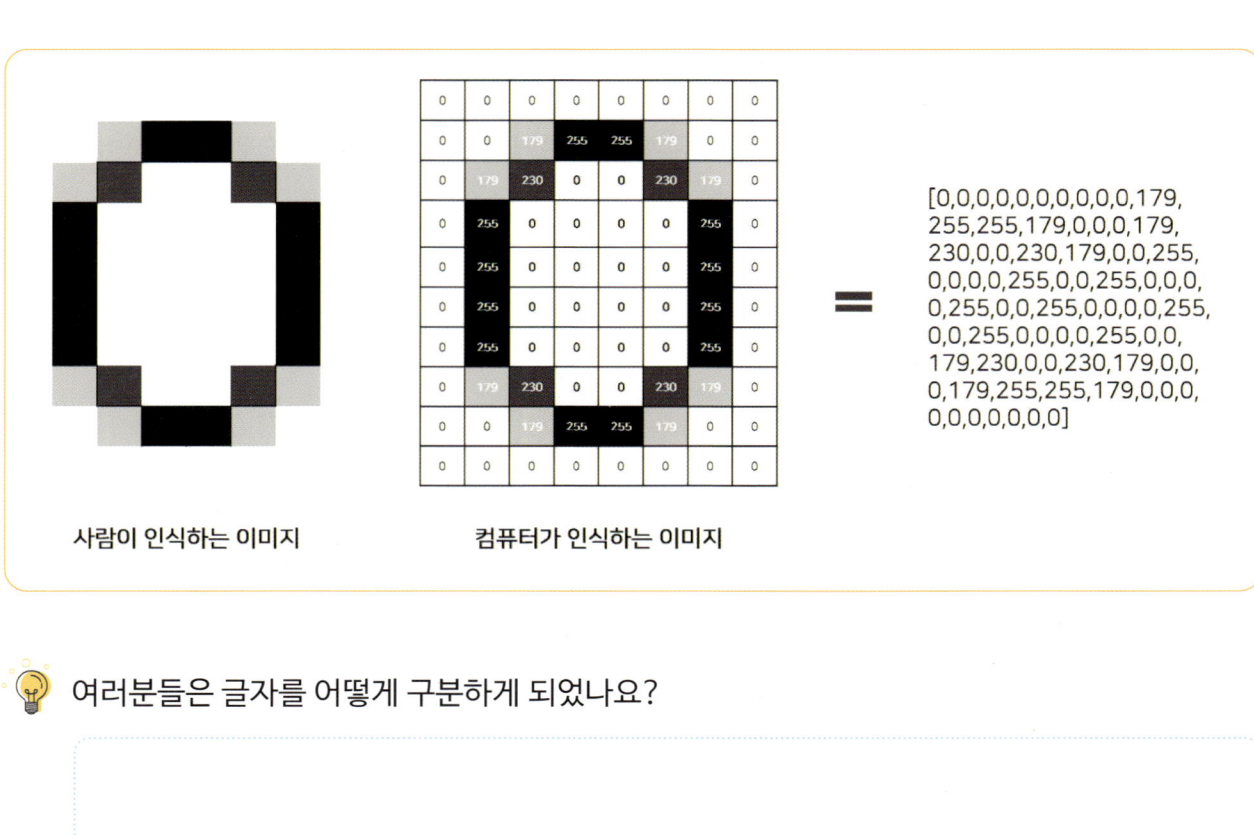

사람이 인식하는 이미지 　　　 컴퓨터가 인식하는 이미지

💡 여러분들은 글자를 어떻게 구분하게 되었나요?

💡 인공지능은 글자를 어떻게 구분할까요?

💡 여러분들이 글자를 학습한 방법으로 인공지능에게 학습시킬 수 있을지 생각해보고 학습방법에 대해 이야기해 보세요.

인공지능 알아보기

여러분이 어렸을 때 엄마가 그림이나 사진을 보면서 "이건 원숭이라고 해" 또는 글자를 보면서 "이건 원숭이라고 읽어"라고 했던 경험이 있을 거예요. 이렇게 엄마가 아이에게 사물이나 글자를 가르칠 때처럼 인공지능에게 데이터와 정답(레이블)을 함께 입력하여 학습시키는 것을 지도학습이라고 합니다. 우리가 그림이나 사진으로 알게 된 원숭이를 실제로 보았을 때 원숭이라고 말할 수 있듯이 인공지능도 지도학습을 통해 데이터의 속성을 파악하여 구분하고 판단할 수 있게 됩니다.

그럼 이제 여러분도 엄마가 아이에게 글자를 가르쳐 준 것처럼 인공지능에게 글자를 가르쳐 볼까요?

 **용어 알아보기**

- **데이터** : 어떤 속성을 표현한 것을 통틀어 이르는 말(예 : 원숭이 이미지)
- **레이블** : 식별하기 위하여 사용되는 부호로, 지도학습에서는 데이터의 이름을 설정하는 용어로 사용 (예: 원숭이 글자)
- **데이터셋** : 데이터들의 집합체(예: 원숭이 이미지 + 원숭이 글자)

놀면서 배우는 인공지능   19

인공지능 체험해보기!

머신러닝 기술이 학습을 통해 낙서를 인식할 수 있을까요?

여러분의 그림으로 머신러닝의 학습을 도와주세요.
Google은 머신러닝 연구를 위해 세계 최대의 낙서 데이터셋을 오픈소스로 공유합니다.

https://quickdraw.withgoogle.com/

💡 재미있었나요? 이 프로그램은 무엇을 하는 프로그램일까요?

💡 인공지능은 어떻게 여러분의 그림을 맞출 수 있었을까요?

퀵드로우(Quick Draw)?

구글에서 제공하는 인공지능 체험 애플리케이션입니다. 게임처럼 단어가 제시되면 사용자가 그림을 그리고 AI가 사용자가 그린 그림을 보고 단어를 맞게 됩니다. 퀵드로우에는 이미지인식 기술이 적용되어서 단순히 그림을 그리고 맞추는 놀이가 아니라 AI는 이를 통해서 그림을 학습하게 됩니다.

학습 데이터 찾기

 '빨강' 글자는 모두 몇 개 있나요?

💡 '빨강' 글자는 모두 몇 개인가요? 찾은 글자에 동그라미 표시를 하고 번호를 매기세요.

💡 어떤 순서대로 찾았는지 이야기해 보세요.

학습 데이터 만들기

* 색깔을 나타내는 글자 데이터와 아두이노에 LED를 연결하여 데이터셋을 만들어보세요.

 **글자 + LED 색 지정**

엔트리에서 학습한 데이터의 클래스를 아두이노에 연결된 출력장치 LED로 확인합니다.
인공지능에게 학습 데이터와 주변 환경을 구분할 수 있도록 배경을 기본 데이터로 만들어 주세요.

* 규격화된 학습 데이터가 아닌 웹캠을 이용하여 학습 데이터를 인식하기 때문에 주변 이미지와 학습 이미지를 구분하여 인식하도록 하기 위해서입니다.

클래스	데이터	이미지개수	LED
배경	배경 (기본)	15개	꺼짐
빨강	"빨강" 글자	15개	빨간색
파랑	"파랑" 글자	15개	파란색

| 데이터 | **학습 데이터 만들기** |

색깔을 나타내는 글자를 손으로 써서 데이터를 만들어보세요. 글자가 잘 인식될 수 있도록 매직 또는 네임펜을 사용하여 부록에 있는 카드에 글자를 쓴 후 점선을 따라 오려서 사용하세요. (부록1 활용)

학습 및 훈련 시키기

※ 엔트리와 아두이노 연결하기는 교재 시작 부분의 [아두이노 만나기]를 참고하세요.

 색깔 글자 데이터 입력하기

① 블록꾸러미 [인공지능]을 선택한 후 [인공지능 모델 학습하기]를 클릭합니다.

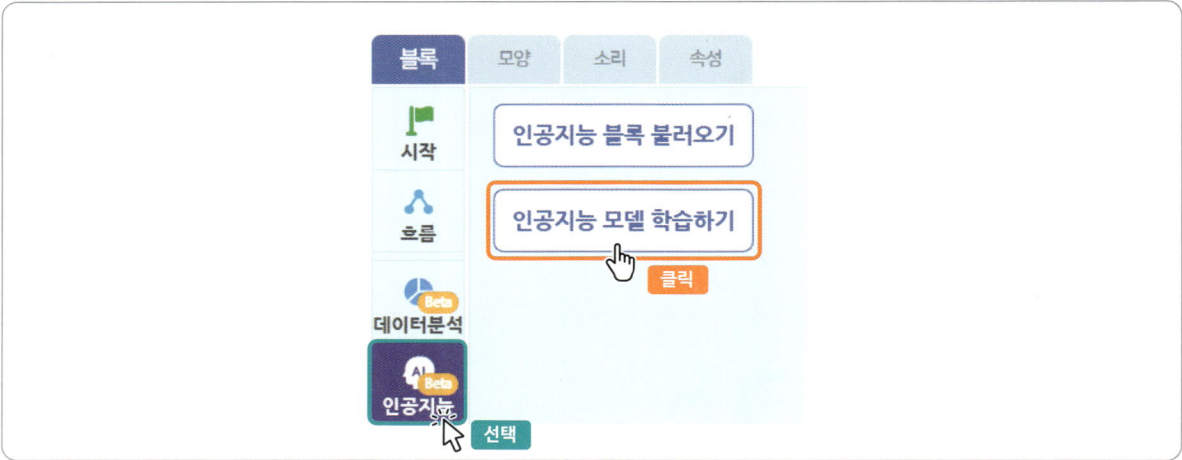

② 입력할 데이터 타입(이미지/텍스트/음성/숫자)에 따라 학습할 모델을 선택합니다. 손글씨 카드를 웹캠으로 찍어서 이미지를 입력해야 하므로 [분류: 이미지]를 선택한 후 [학습하기]를 클릭합니다.

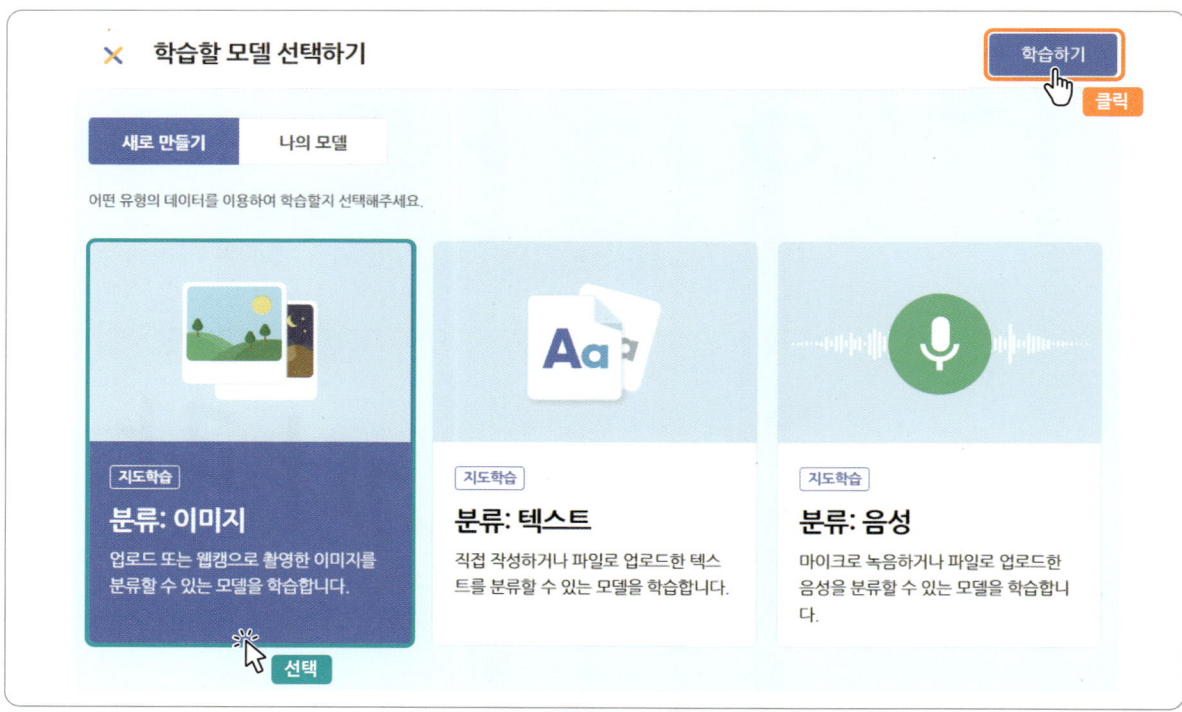

※ [분류: 이미지 모델 학습하기] 창 구성 및 진행 순서

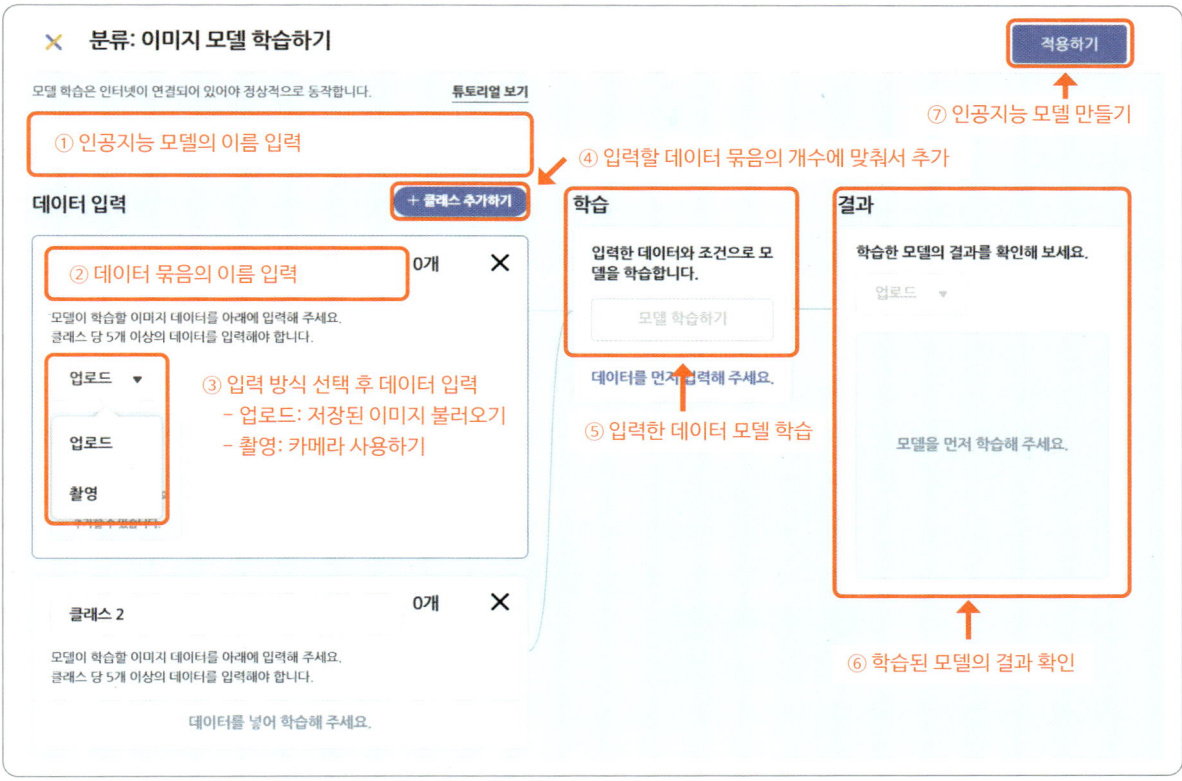

③ [분류: 이미지 모델 학습하기] 창 왼쪽 맨 위에 인공지능 모델의 이름을 입력합니다. 데이터 입력에는 클래스의 이름을 입력한 후 입력 방식 선택을 위해 ▼을 클릭하여 [촬영]을 선택합니다.

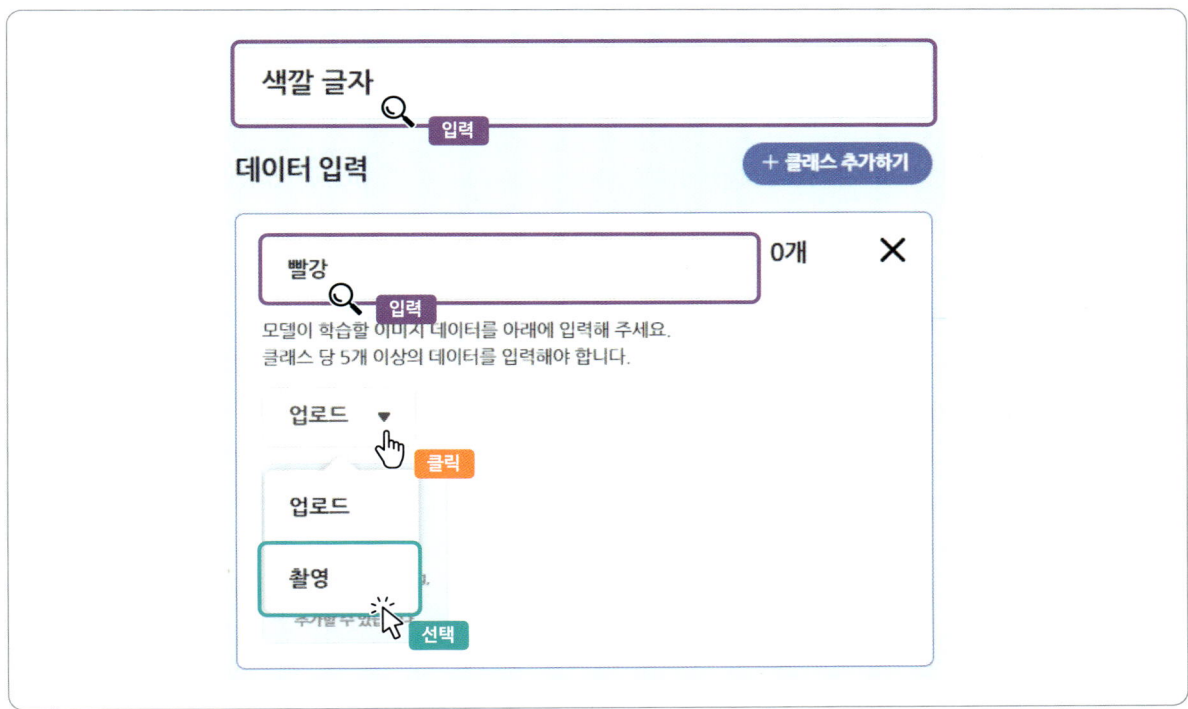

④ 아래와 같이 화면이 나오면 손글씨 카드를 웹캠 앞에 놓고 글자가 화면에 잘 나오는지 확인하고 ▨ 을 클릭하여 데이터를 입력합니다. 손글씨 카드 1개를 화면에 위치를 조금씩 바꿔 가면서 3~4번 입력합니다.

⑤ ④와 같은 방법으로 나머지 클래스에 데이터를 입력합니다. 각 클래스의 데이터 개수는 비슷한 개수로 입력합니다. 클래스를 추가하고 싶다면 ⊕ 클래스 추가하기 를 클릭하여 추가합니다.

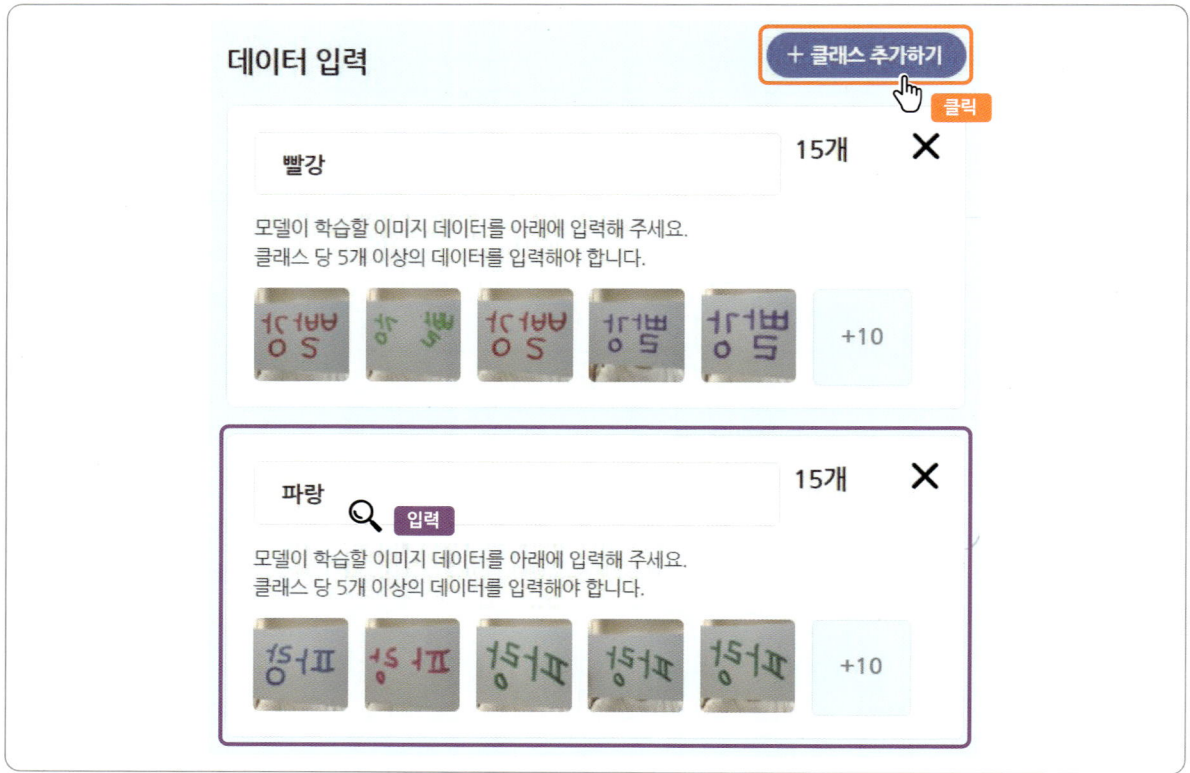

26

⑥ 클래스를 추가하여 아래와 같이 주변 환경과 아무것도 없는 빈 카드를  을 클릭하여 배경으로 입력합니다.

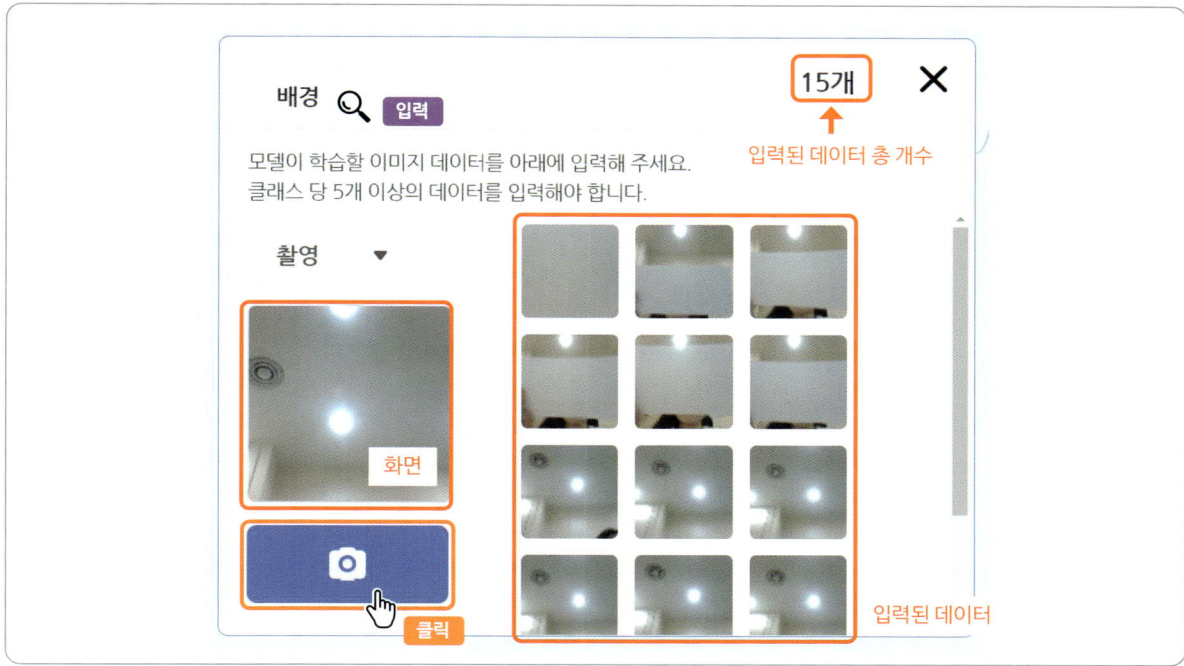

학습 02 ▶ 모델 학습하기

입력한 데이터와 조건으로 모델을 학습합니다.

① 모든 데이터 입력이 끝났다면 [분류: 이미지 모델 학습하기] 창 중간에 있는 학습의 [모델 학습하기]를 클릭합니다. 모델 학습이 끝날 때까지 기다려 학습 완료 메시지를 확인합니다.

학습 03 > 결과 확인하기

모델을 학습한 후 입력한 데이터의 인식률과 결과를 확인합니다.

① [분류: 이미지 모델 학습하기] 창 오른쪽 결과에 데이터 인식 방식 선택을 위해 ▼을 클릭하고 촬영을 선택합니다.

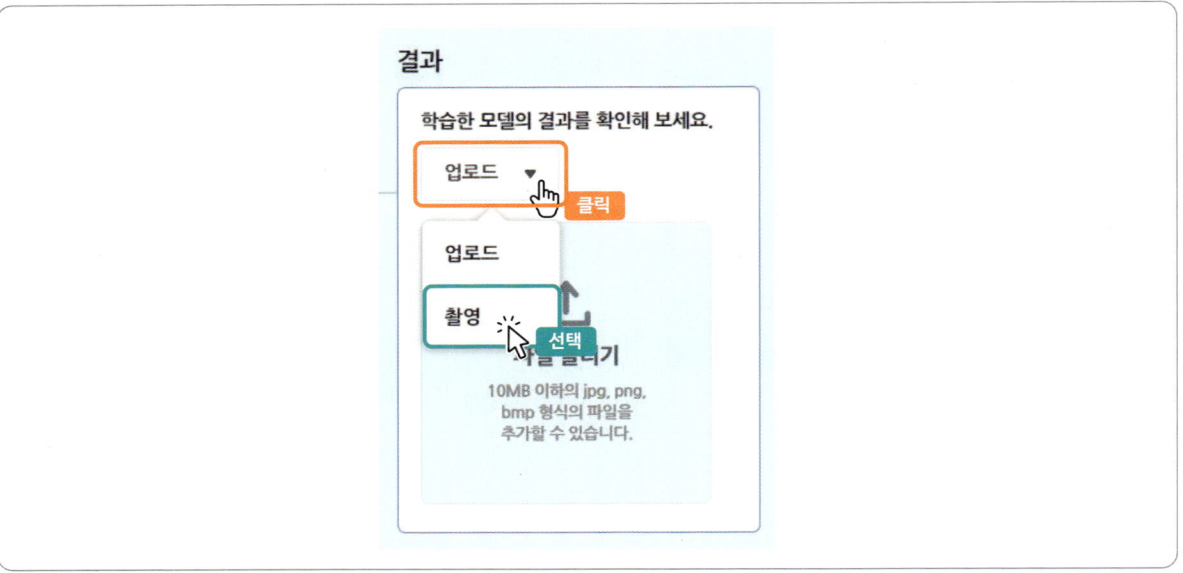

② 데이터로 입력한 손글씨 카드를 웹캠 앞에 놓고 화면에 잘 나오도록 합니다. 화면에 나오는 데이터의 클래스 이름과 인식률을 확인합니다.

훈련 01 ▶ 테스트 데이터 만들기

인공지능이 학습이 잘 되었는지 확인하기 위해 테스트 데이터를 만들어보세요. 부록에 있는 카드에 학습 데이터와 다른 글씨체로 색을 나타내는 글자를 쓴 후 오려서 사용하세요. (부록2 활용)

훈련 02 ▶ 테스트 및 훈련하기

테스트 데이터를 통해 모델 학습 결과를 확인하고 훈련을 통해 인공지능 모델의 학습데이터 정확도를 높입니다.

① 아래에 테스트 결과를 정리하고 훈련이 필요한 테스트 데이터를 찾아보세요.

테스트	데이터	클래스	인식률	훈련여부
1	"빨강" 글자	파랑	57(%)	O

② 테스트 결과를 보고 클래스가 일치하지 않거나 인식률이 낮은 테스트 데이터를 추가하여 인공지능을 훈련해 보세요. (테스트 데이터를 추가하고 훈련하는 과정은 학습 01 ~ 학습 03을 참고하세요.)

③ 결과를 확인해 보고 인식률이 높아질 때까지 훈련을 반복해 주세요.

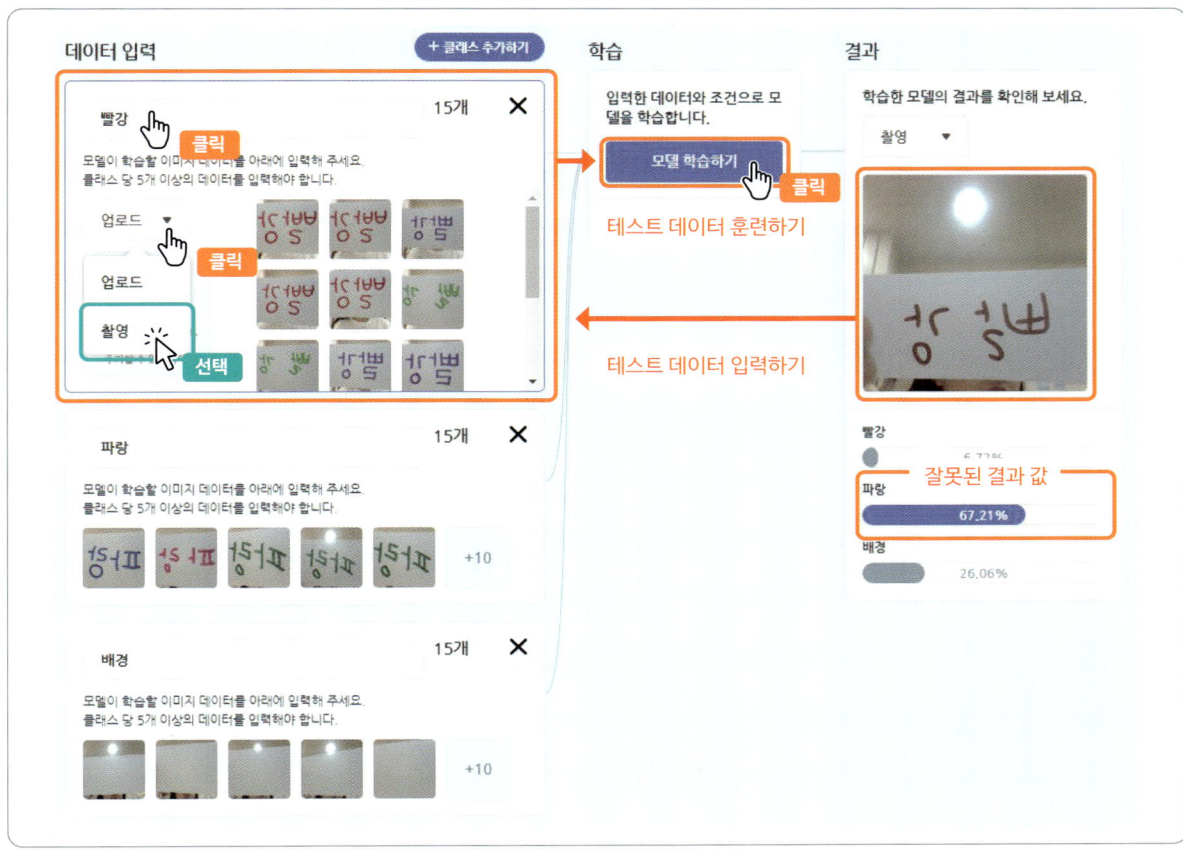

④ 테스트 데이터의 결과가 클래스와 일치하고 인식률이 70% 이상이라면 훈련을 완료합니다.

⑤ [분류: 이미지 모델 학습하기] 창 오른쪽 맨 위에 적용하기 를 클릭합니다.

⑥ 엔트리 화면이 나타나면 블록꾸러미 [인공지능]에 글자가 학습된 모델이 적용된 인공지능 블록들이 만들어진 것을 확인할 수 있습니다.

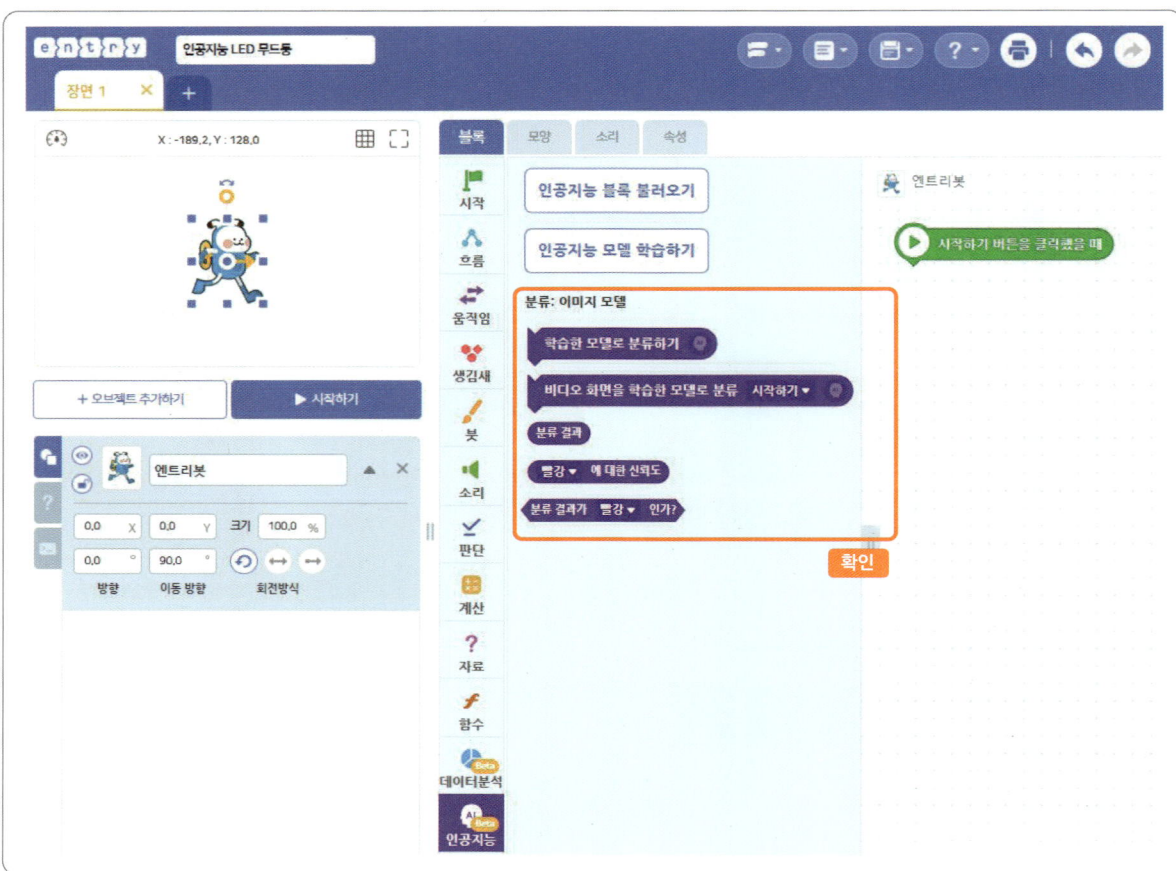

인공지능 만들기

학습과 훈련이 완료되면 모델을 적용하여 만든 엔트리 인공지능 블록과 아두이노(LED)로 색깔 글자를 인식하는 인공지능 LED 무드등을 만듭니다. (LED 무드등 공작재료 제공, 조립도 참고)

 **아두이노에 LED 연결하기**

※ 엔트리와 아두이노 연결하기는 교재 시작 부분의 [아두이노 만나기]를 참고하세요.
　연결된 아두이노에 아래와 같이 LED를 연결합니다.

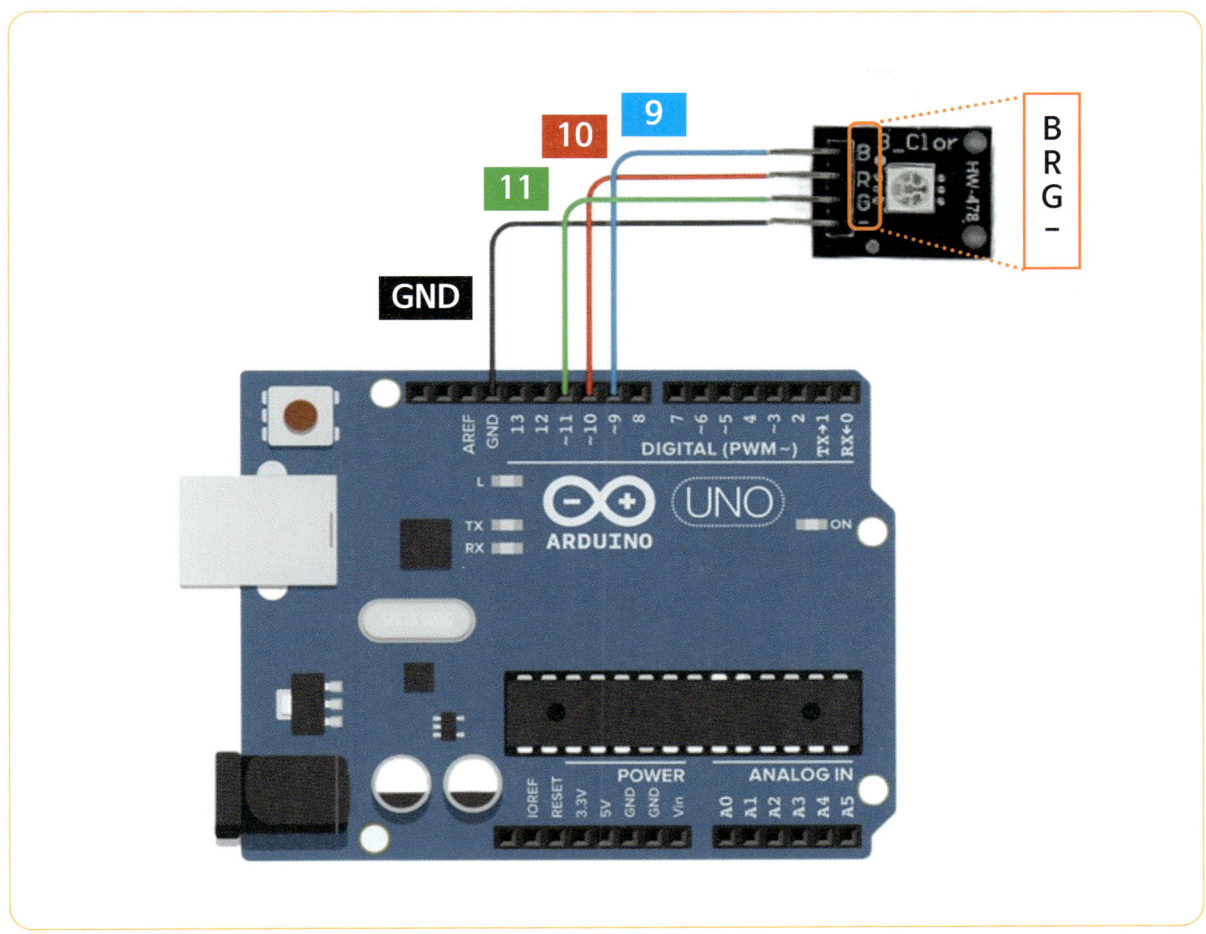

* FM 점퍼 케이블을 이용하여 B(파랑)는 디지털 9번, R(빨강)은 디지털 10번, G(초록)는 디지털 11번, -(검정)은 GND에 연결합니다.

코드 01 ▸ 코드 작성하기

※ [시작하기] 버튼을 클릭했을 때 코드를 작성합니다.

① 블록꾸러미 [시작]에서 [시작하기 버튼을 클릭했을 때] 블록을 가지고 옵니다.

② LED는 꺼져있도록 코드를 작성합니다.
- 블록꾸러미 [하드웨어]에서 [디지털 ~번 핀을 ~(으)로 정하기] 블록을 가지고 옵니다.

- 9번(파랑), 10번(빨강), 11번(초록) 핀의 값을 0으로 입력합니다. (0에서 255까지의 값을 입력하여 LED 색의 밝기를 조절할 수 있습니다. 255일 때 LED의 색이 가장 밝고, 0일 때 꺼집니다.)

③ 간단한 인사와 설명을 말하는 코드를 작성합니다.
- 블록꾸러미 [생김새]에서 [~을(를) ~초 동안 말하기] 블록을 사용하여 간단한 인사와 설명을 말할 수 있도록 합니다.

- 순서에 따라 코드를 작성합니다.

※ 인공지능 블록을 사용하여 학습된 색깔 글자로 아두이노의 LED 색을 바꿀 수 있는 코드를 작성합니다.

④ 오브젝트를 클릭했을 때 글자를 인식하여 분류 결과에 따라 조건을 나누는 코드를 작성합니다.

- 블록꾸러미 [시작]에서 [오브젝트를 클릭했을 때] 블록을 가지고 옵니다.

- 블록꾸러미 [인공지능]에서 [학습한 모델로 분류하기] 블록을 사용하여 글자를 인식할 수 있도록 합니다.

- 블록꾸러미 [생김새]에서 [~을 ~초 동안 말하기] 블록을 사용하여 분류 결과를 2초 동안 말할 수 있도록 합니다. [분류 결과] 블록은 블록꾸러미 [인공지능]에서 가지고 옵니다.

- 블록꾸러미 [흐름]에서 [만일 ~(이)라면 ~ 아니면] 블록으로 분류한 결과가 배경인가를 가장 먼저 판단하고 아닐 때 빨강인지 아닌지를 판단할 수 있도록 합니다. 분류 결과를 판단하는 조건은 블록꾸러미 [인공지능]에서 [분류 결과가 ~인가?] 블록을 사용합니다

- 순서에 따라 코드를 작성합니다.

⑤ 오브젝트를 클릭하면 분류 결과에 따라 배경일 때는 LED가 꺼져 있고 빨강일 때는 빨강색이, 파랑일 때는 파랑색이 켜지도록 코드를 작성합니다.

- 블록꾸러미 [하드웨어]에서 [디지털 ~번 핀을 ~(으)로 정하기] 블록을 사용하여 배경일 때는 모든 핀이 꺼지도록 0을 입력합니다.

  `디지털 3▼ 번 핀을 255 (으)로 정하기`

- 빨강일 때는 10번(빨강) 핀만 켜지도록 255를 입력하고 9번(파랑), 11번(초록) 핀은 0으로 입력합니다.
- 파랑일 때는 9번(파랑) 핀만 켜지도록 255를 입력하고 10번(빨강), 11번(초록) 핀은 0으로 입력합니다.
- ④에서 작성한 코드에 만들어 놓은 코드를 조건에 따라 삽입합니다.

코드 02 ▶ 코드 실행하기

※ 작성한 코드가 잘 작동하는지 확인합니다.

① 엔트리 실행창의  버튼을 클릭합니다.

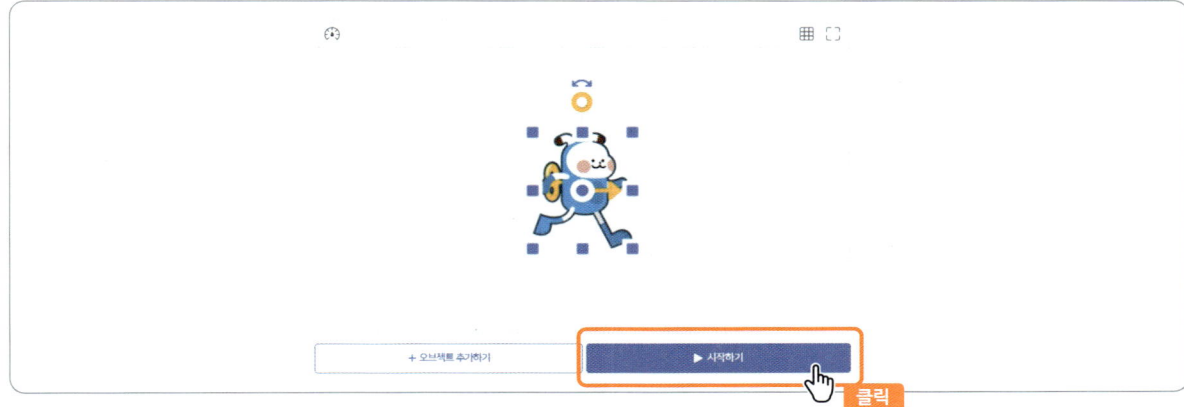

② 실행이 되면 엔트리봇이 간단한 인사와 설명을 합니다.

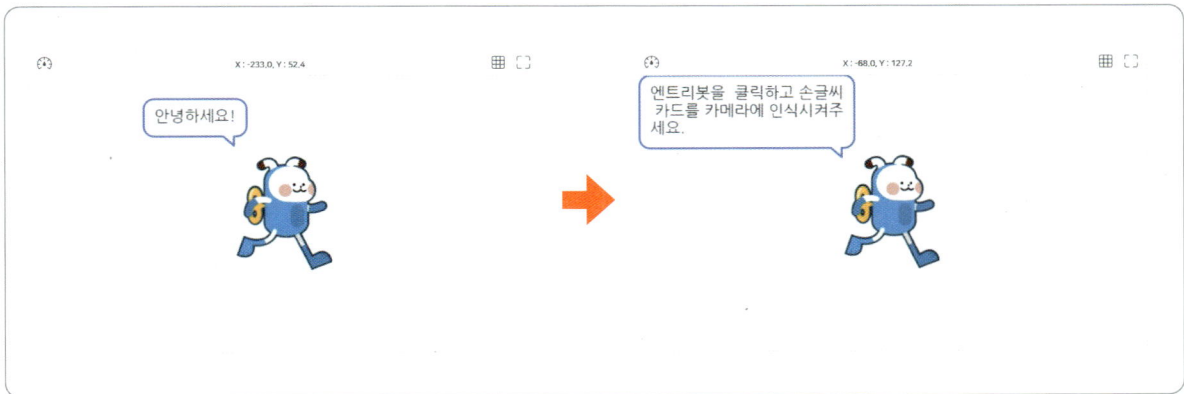

③ 말하기가 끝나면 엔트리봇을 마우스로 클릭합니다.

④ 데이터 입력창이 나타나면 ▼을 클릭하고 [촬영]을 선택합니다.

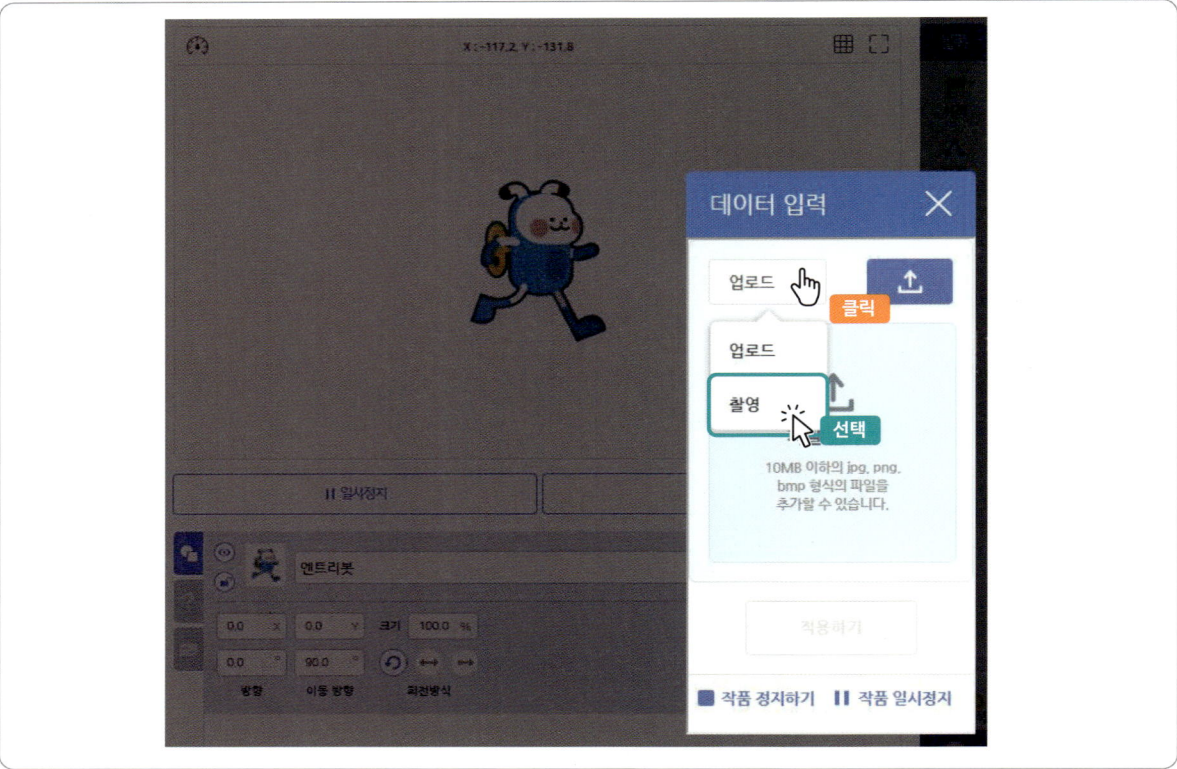

⑤ 웹캠에 손글씨 카드의 글자가 화면에 잘 보이도록 하고 [적용하기]를 클릭합니다.

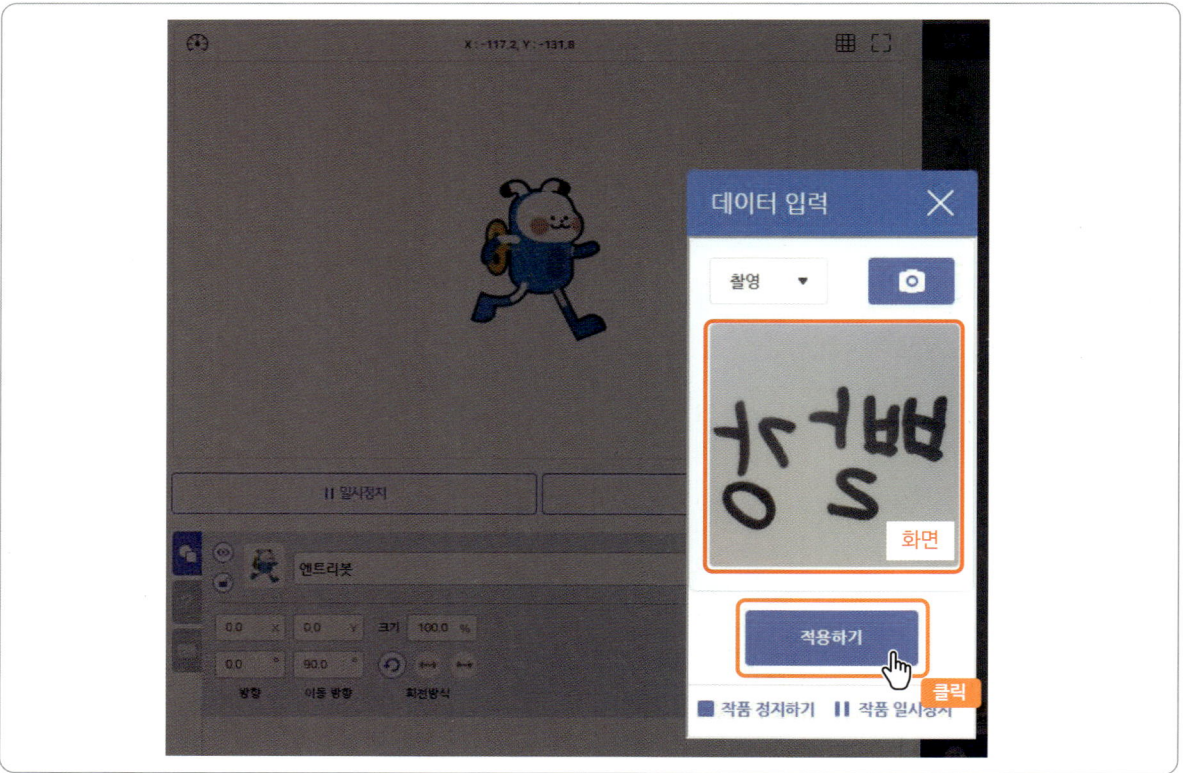

⑥ 엔트리봇이 분류 결과를 말하고 LED에 분류 결과와 같은 색이 켜지는지 확인합니다.

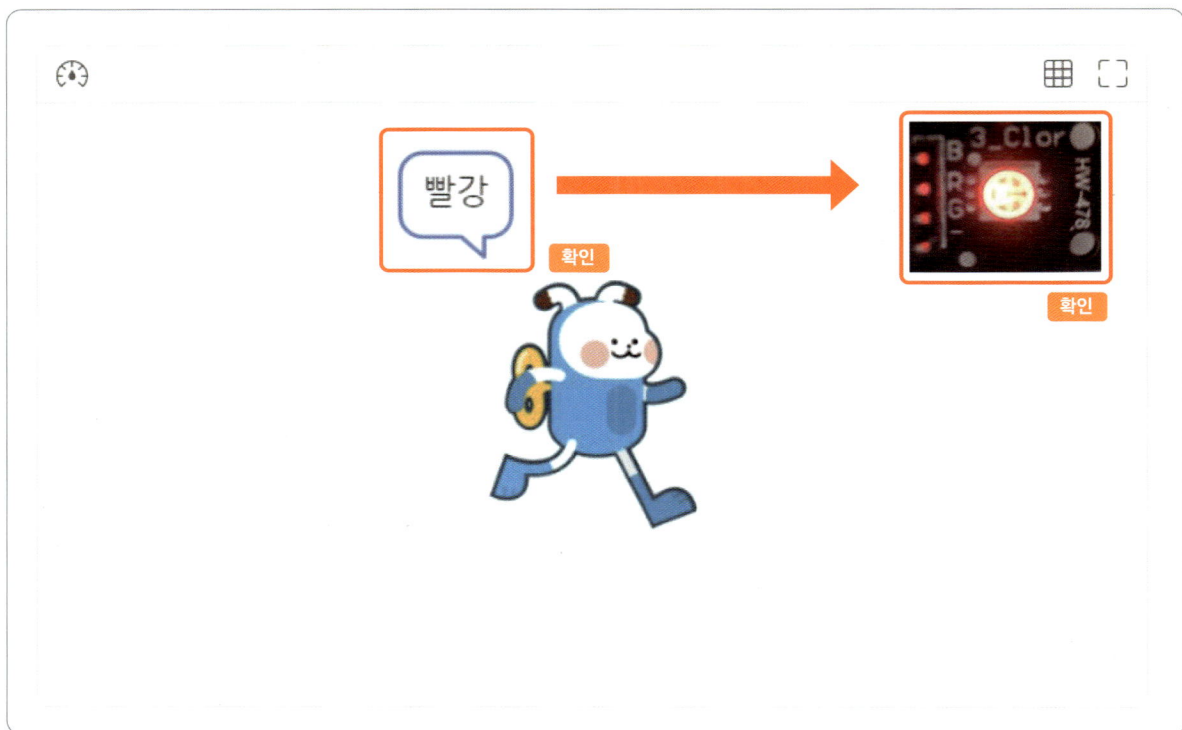

- 엔트리봇 오브젝트를 클릭해서 다른 데이터를 입력하여 LED 색을 바꿔 봅니다.

※ 공작재료를 사용하여 인공지능 LED 무드등을 만들어보세요. (인공지능 LED 무드등 조립도를 참고하세요.)

활용 방법 및 상상 더하기

1 오브젝트를 추가하고 다양한 기능을 할 수 있도록 코드를 작성해 보세요.
(예시 : 음성 안내)

2 인공지능 LED 무드등의 색을 여러 가지로 표현하고 싶다면 어떤 데이터를 입력하고 코드를 작성해야 할지 생각해 보세요.

인공지능 LED등 만들기

1 공작재료 준비하기

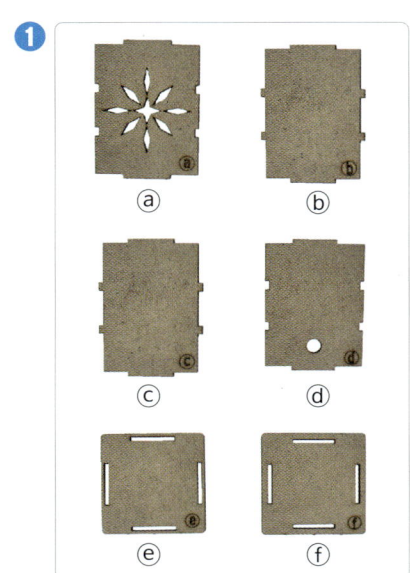

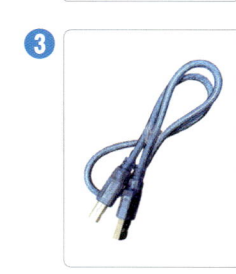

❶ LED등 외관
❷ 아두이노 UNO
❸ USB 케이블
❹ RGB LED 모듈
❺ FM 점퍼 케이블 4개
❻ 벨크로
❼ 셀로판 테이프
❽ 한지

2 LED 모듈 내부에 설치하기

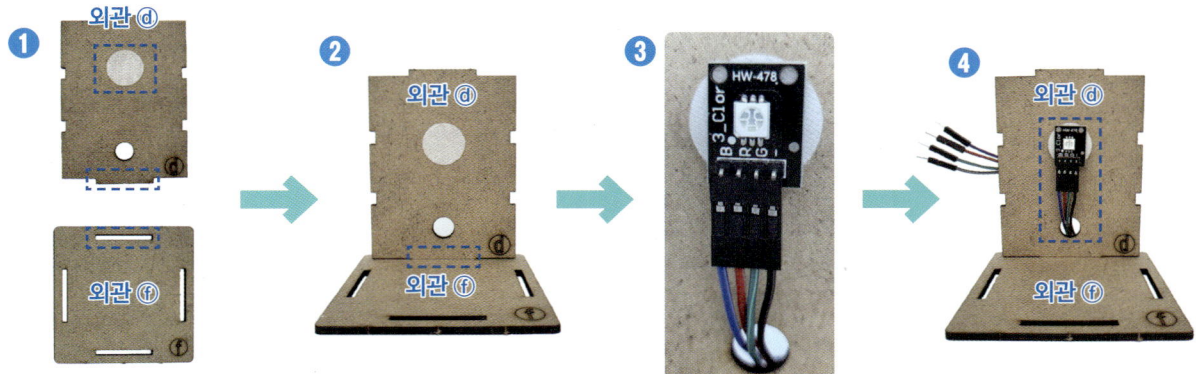

① 외관 ⓓ의 안쪽에 벨크로를 중앙에 붙입니다.
② 외관 ⓕ홈에 외관 ⓓ를 위쪽에서 끼워 넣습니다.
③ LED 모듈에 점퍼선 색깔을 구별해서 꽂아준 후 LED 모듈 뒤쪽에 벨크로를 붙입니다.
 (B: 파랑, R: 빨강, G: 초록, - : 검정색)
④ 점퍼선을 외관 ⓓ 아래쪽 구멍으로 정리하여 바깥쪽으로 빼낸 후 외관 ⓓ에 LED 모듈을 붙여서 고정합니다.

놀면서 배우는 인공지능 41

인공지능 LED등 만들기

3 외관 조립하기

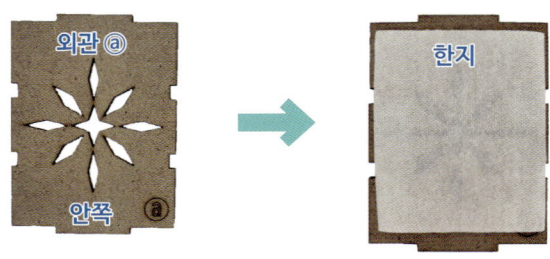

① 외관 ⓐ 안쪽에 한지를 셀로판 테이프로 붙입니다.

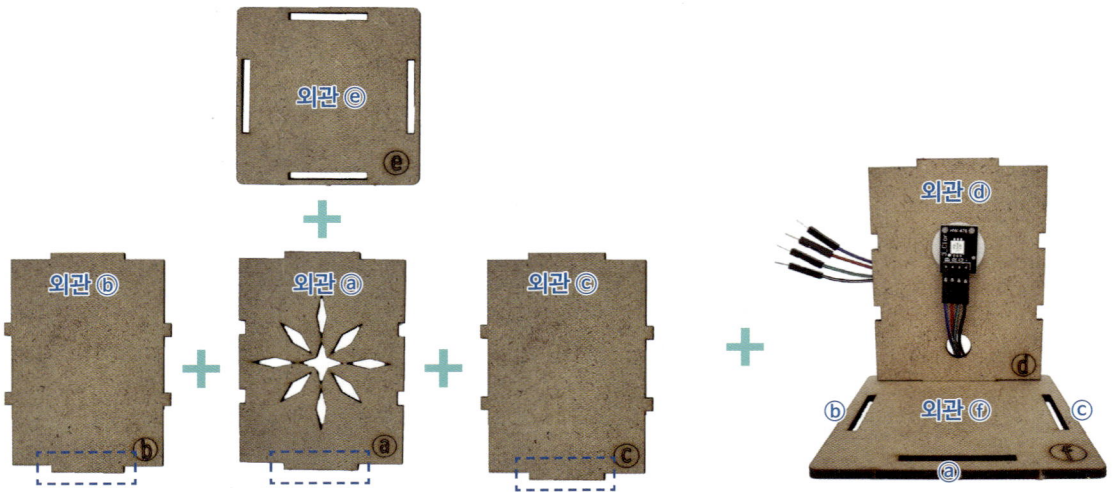

② 외관 ⓑ를 외관 ⓓ, ⓕ의 왼쪽 홈에 끼워 넣습니다.
③ 외관 ⓐ를 외관 ⓓ, ⓕ의 앞쪽 홈에 끼워 넣습니다.
④ 외관 ⓒ를 외관 ⓓ, ⓕ의 오른쪽 홈에 끼워 넣습니다.
⑤ 외관 ⓔ를 외관 ⓐ, ⓑ, ⓒ, ⓓ의 위쪽에 홈을 맞춰 끼워 넣습니다.

완성!

2
표정을 읽어요

2 표정을 읽어요

오늘의 준비물

아두이노 우노

USB 케이블

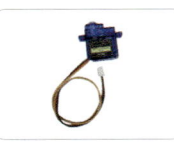
서보모터

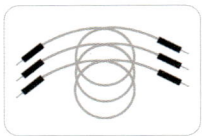
MM 점퍼 케이블 3개

〈 AI가 만든 다양한 표정의 얼굴들 〉

이미지출처 https://generated.photos/faces

학습 목표

① 인공지능이 학습할 얼굴 표정 데이터를 만들 수 있다.

② 얼굴 표정을 학습한 머신러닝 모델과 서보모터로 개성있는 얼굴을 표현할 수 있다.

사람은 '표정'으로도 말을 한다는 걸 아세요?

표정의 사전적 의미는 "마음속에 품은 감정이나 정서 따위의 심리 상태가 겉으로 드러남. 또는 그런 모습"입니다.

거울에 여러분의 얼굴을 비춰보세요. 그리고 다양한 표정들을 지어 보세요. 기쁨, 슬픔, 놀람, 절망, 걱정, 언짢음, 증오, 두려움, 공포, 부끄러움 등 다양한 감정을 표현해 보세요. 분명히 얼굴은 하나인데 다양한 표정이 나오는 게 신기하지 않나요?

사람이 자유자재로 표정을 짓고 움직일 수 있는 이유는 얼굴 속의 근육 때문입니다. 60여 개의 얼굴 근육 중 표정과 연관된 근육이 약 35개라고 합니다. 이 근육으로 우리는 아주 많은 표정을 만들 수 있는데, 표정에 따라 사용하는 근육의 개수, 위치가 다릅니다. 웃음을 지을 때는 눈가의 주름과 광대가 승천하며 두 눈이 안쪽으로 모이는 걸 확인할 수 있을 거에요.

우리의 마음이 그대로 드러나는 얼굴 표정, 좋은 얼굴의 주인공이 되기 위해선 긍정적이고, 좋은 마음을 가져야 하겠죠? 자, 웃으면서 "스~마~일".

감정 표현 활동을 통해 여러분들이 다양한 표정에 대해 좀 더 관심을 갖길 바라며, 인공지능에게 다양한 표정들을 학습시켜 볼까요?

💡 거울을 보고 다양한 표정을 지어 볼까요? 어떤 표정이 가장 힘든가요? 가장 쉬운 표정은 무엇인가요?

💡 인공지능이 나의 표정을 읽는다면 어떤 원리로 읽을까요?

재밌는 얼굴 인식

인공지능은 어떻게 사람의 표정을 읽을 수 있을까요?

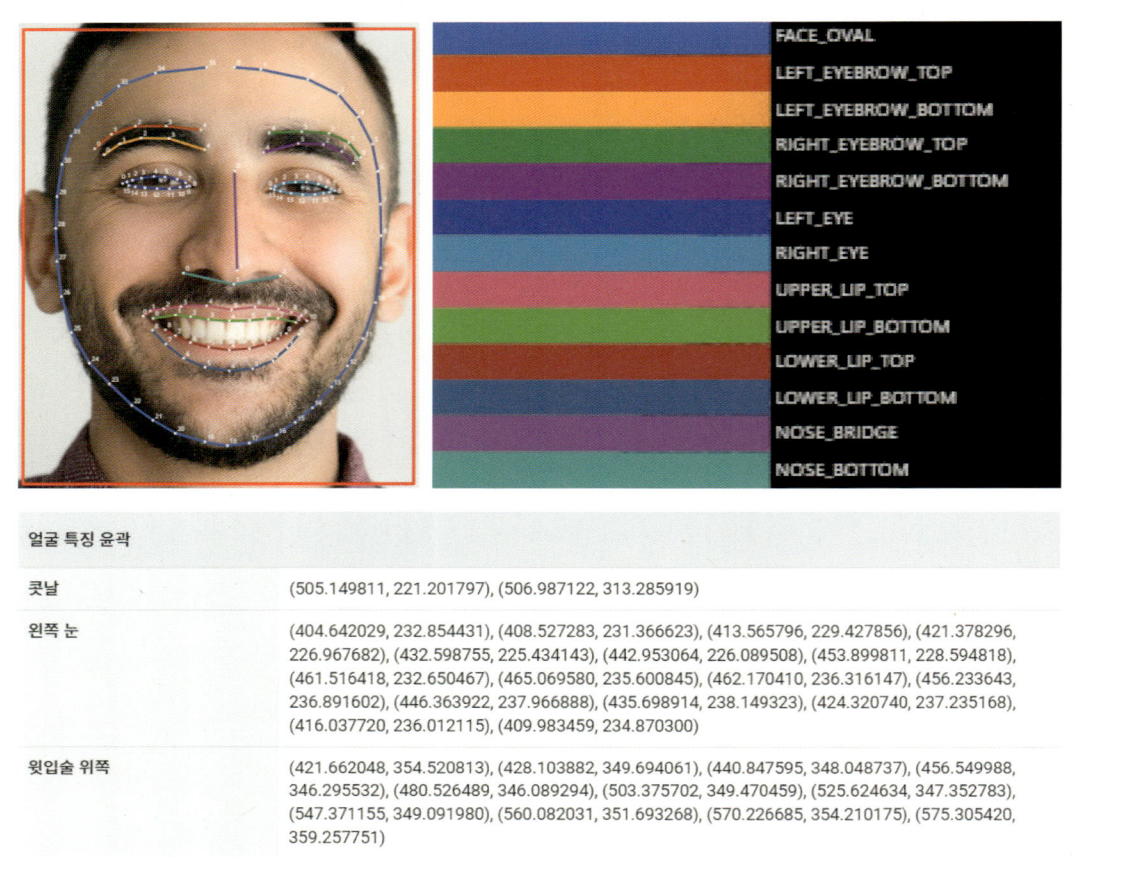

얼굴 특징 윤곽	
콧날	(505.149811, 221.201797), (506.987122, 313.285919)
왼쪽 눈	(404.642029, 232.854431), (408.527283, 231.366623), (413.565796, 229.427856), (421.378296, 226.967682), (432.598755, 225.434143), (442.953064, 226.089508), (453.899811, 228.594818), (461.516418, 232.650467), (465.069580, 235.600845), (462.170410, 236.316147), (456.233643, 236.891602), (446.363922, 237.966888), (435.698914, 238.149323), (424.320740, 237.235168), (416.037720, 236.012115), (409.983459, 234.870300)
윗입술 위쪽	(421.662048, 354.520813), (428.103882, 349.694061), (440.847595, 348.048737), (456.549988, 346.295532), (480.526489, 346.089294), (503.375702, 349.470459), (525.624634, 347.352783), (547.371155, 349.091980), (560.082031, 351.693268), (570.226685, 354.210175), (575.305420, 359.257751)

이미지 출처 : https://firebase.google.com/docs/ml-kit/detect-faces?hl=ko#example_2_face_contour_detection

💡 얼굴 각 부위들의 점들과 표정은 어떤 관계가 있을까요?

💡 위 표의 숫자들(예: 왼쪽 눈)은 무엇을 의미하는 것일까요?

학습 데이터 찾기 1

 **찾기** 눈 또는 입만 그려서 다양한 얼굴을 표현해 보세요.

눈만 그려서 다양한 얼굴을 표현해 보세요.

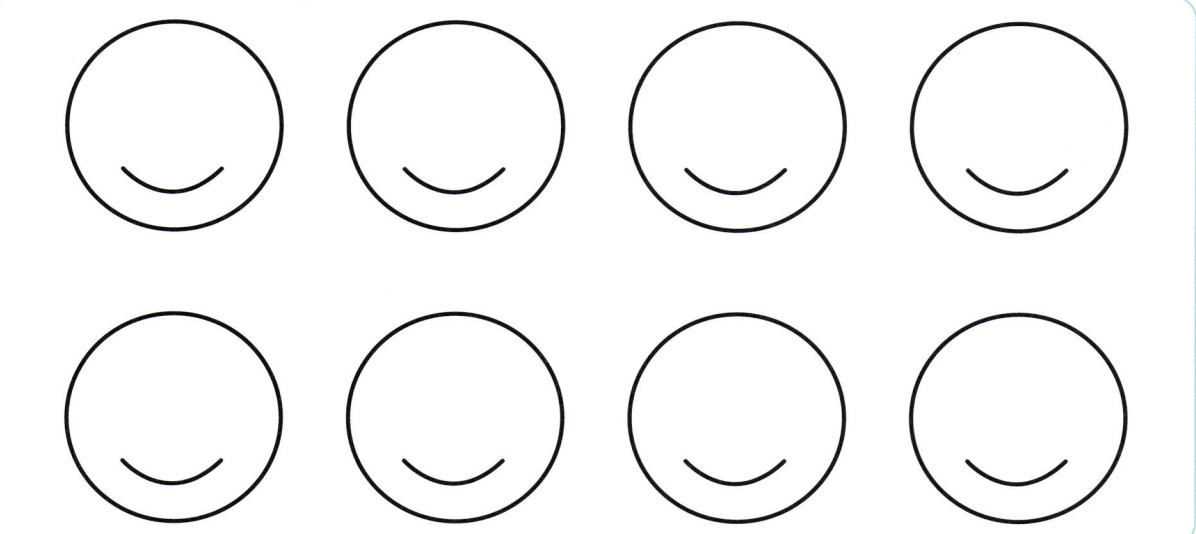

입만 그려서 다양한 얼굴을 표현해 보세요.

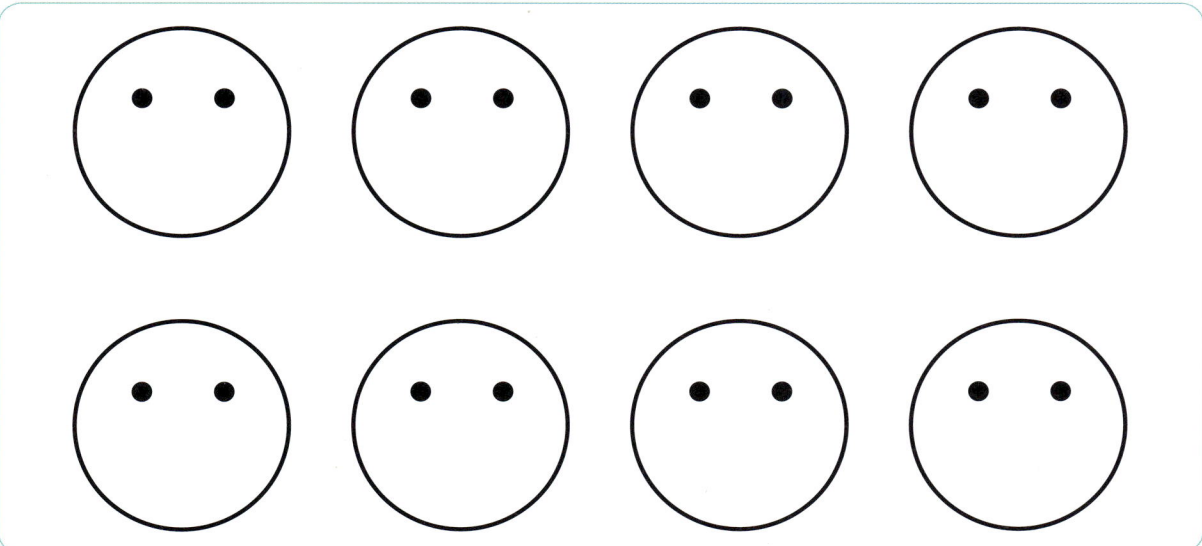

💡 두 가지 그림 활동(눈 또는 입만 그리기)을 통해 알게 된 것은 무엇인가요?

학습 데이터 찾기 2

 찾기 다양한 이모티콘을 그려 보세요.

빈 원에 다양한 표정 이모티콘을 그려 주세요.

💡 그룹1(행복, 만족, 기쁨)과 그룹2(분노, 불만, 슬픔)로 나누어 보세요. 그리고 어떤 기준으로 나누었는지 이야기해 보세요.

💡 다른 친구의 이모티콘 중에서 개성 있는 이모티콘을 2개 이상 골라서 그려 주세요.

학습 데이터 만들기

* 여러 표정 데이터와 아두이노에 서보모터를 연결하여 데이터셋을 만들어보세요.

데이터셋 정의 | 얼굴 표정 + 서보모터 각도 지정

엔트리에서 학습한 데이터의 클래스를 아두이노에 연결된 출력장치 서보모터로 확인합니다. 인공지능에게 학습 데이터와 주변 환경을 구분할 수 있도록 배경을 기본 데이터로 만들어 주세요.

* 규격화된 학습 데이터가 아닌 웹캠 또는 이미지 파일을 이용하여 학습 데이터를 인식하기 때문에 주변 이미지와 학습 이미지를 구분하여 인식하도록 하기 위해서입니다.

클래스	데이터	이미지개수	서보모터
배경	배경 (기본)	20개	90도
기쁨	기쁨 이미지	20개	0도
슬픔	슬픔 이미지	20개	180도

놀면서 배우는 인공지능

 **데이터**   학습 데이터 만들기

데이터셋에서 정리한 내용으로 데이터를 분류해 보세요. 얼굴 사진 이미지를 다운로드 받아 기쁨(행복), 슬픔(불행) 데이터로 구분하여 각 폴더에 저장해 주세요. (이미지는 에이스코드랩 네이버 공식 카페(https://cafe.naver.com/acecode)에서 다운받을 수 있습니다.)

① 바탕화면에 표정 이미지 데이터를 저장하기 위한 새 폴더를 먼저 만들어 주세요.
   (폴더 이름 예시: 얼굴표정)

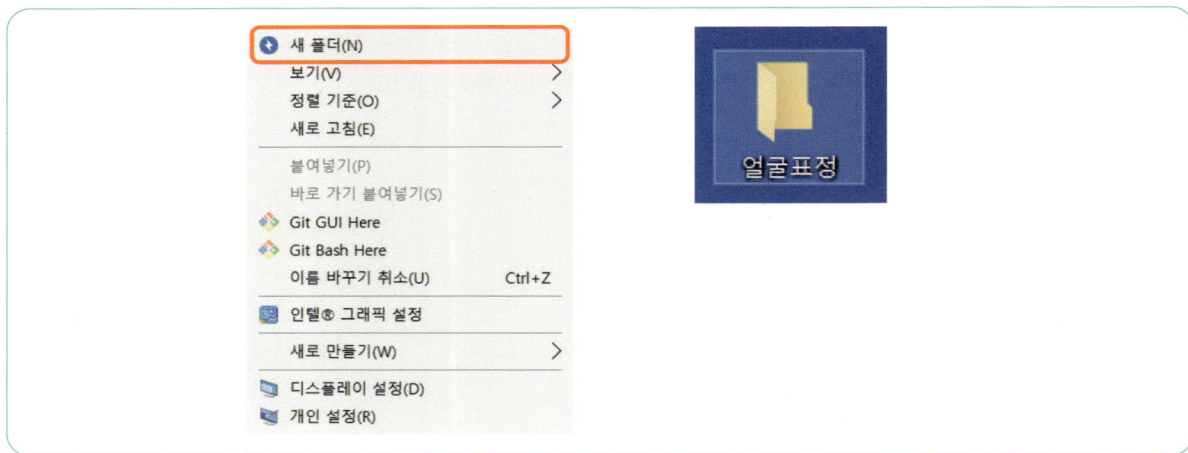

② 만든 폴더 아래에 2개의 폴더를 새로 만들어 그 이름을 각각 '기쁨'과 '슬픔'으로 변경해 주세요.

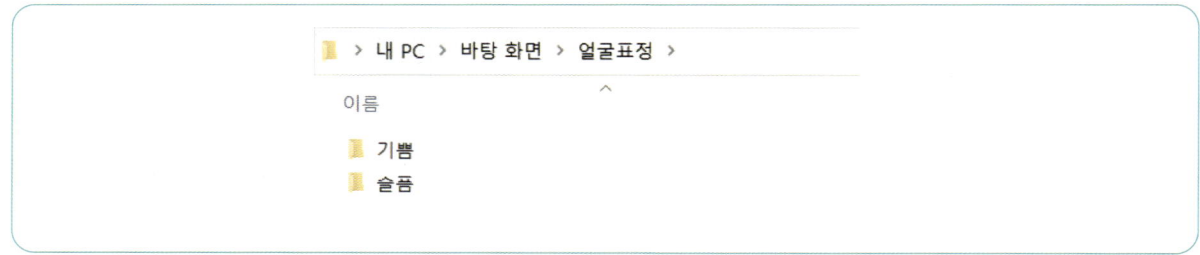

③ 얼굴 사진 파일들을 '기쁨'과 '슬픔' 데이터로 구분하여 각 폴더에 저장해 주세요.

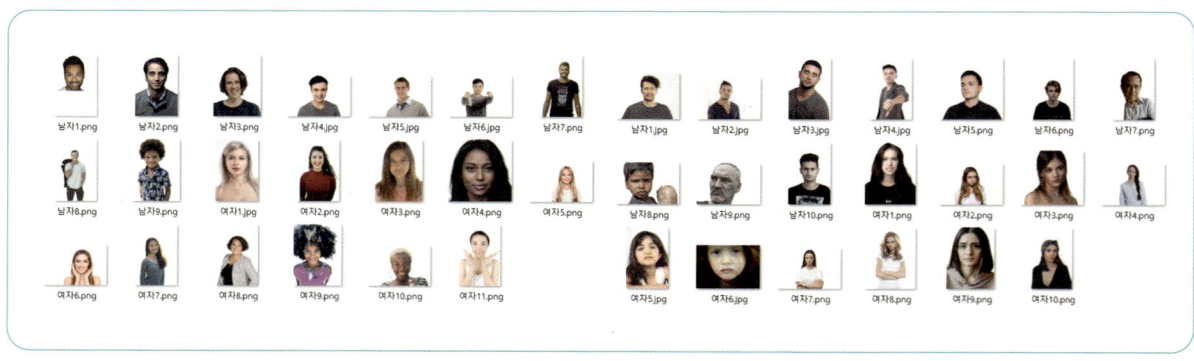

학습 및 훈련 시키기

※ 엔트리와 아두이노 연결하기는 교재 시작 부분의 [아두이노 만나기]를 참고하세요.

학습 01 얼굴 표정 데이터 입력하기

① 블록꾸러미 [인공지능]을 선택한 후 [인공지능 모델 학습하기]를 클릭합니다.

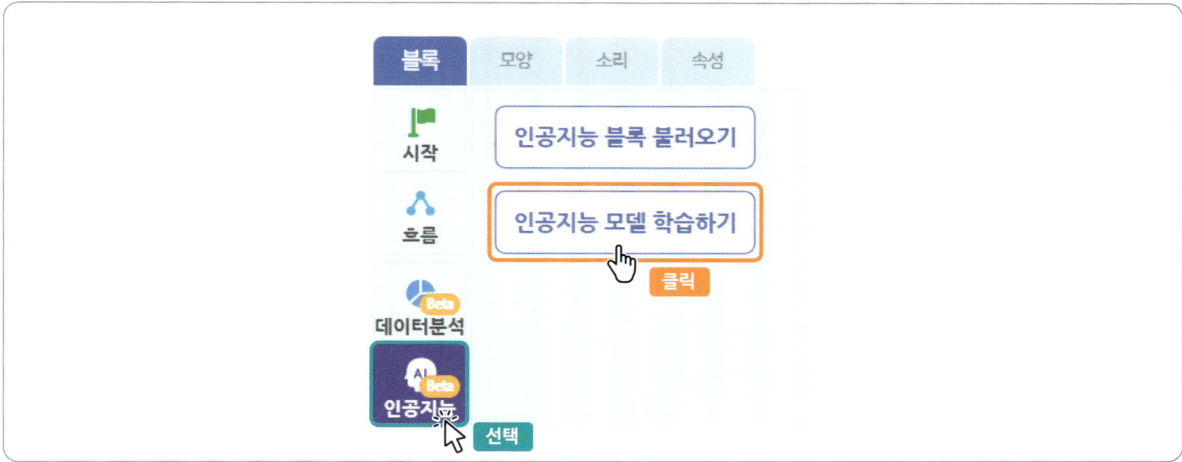

② 입력할 데이터 타입(이미지/텍스트/음성/숫자)에 따라 학습할 모델을 선택합니다. 표정 이미지 파일들을 업로드하여 데이터를 입력해야 하므로 [분류: 이미지]를 선택한 후 [학습하기]를 클릭합니다.

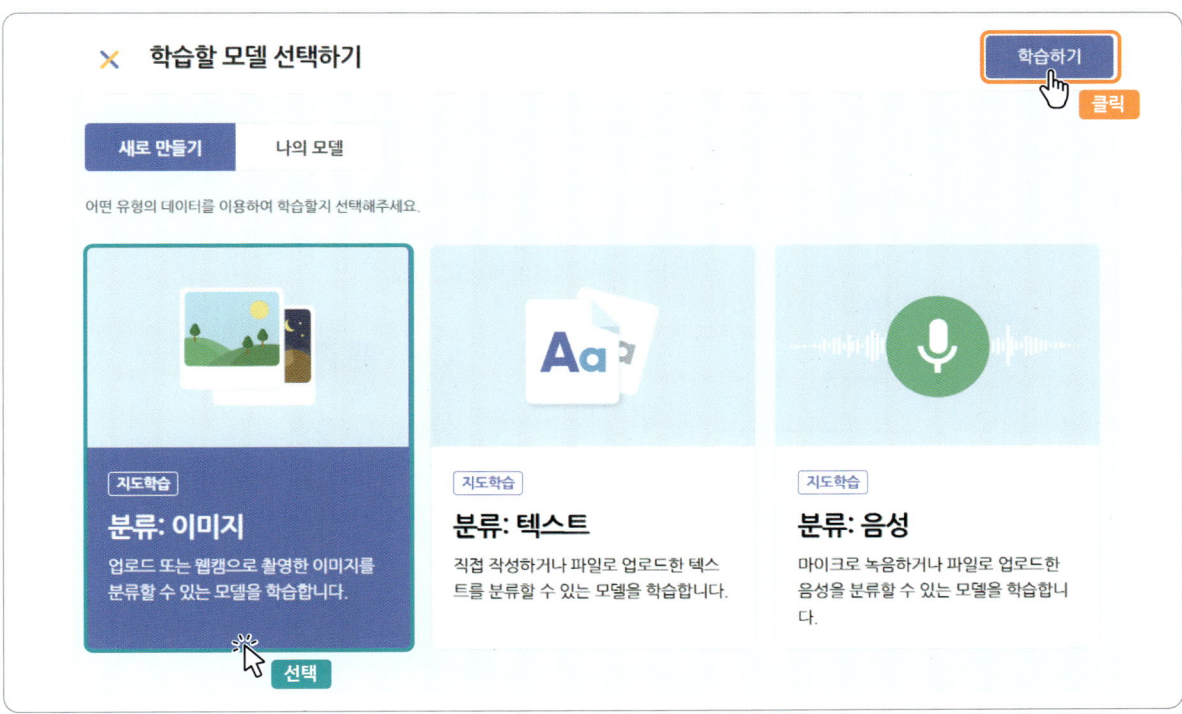

놀면서 배우는 인공지능   51

③ [분류: 이미지 모델 학습하기] 창 왼쪽 맨 위에 인공지능 모델의 이름을 입력합니다. 데이터 입력에는 클래스의 이름을 입력한 후 입력 방식 선택을 위해 ▼을 클릭하여 [업로드]를 선택합니다. 업로드 상태에서 [파일 올리기]를 선택합니다.

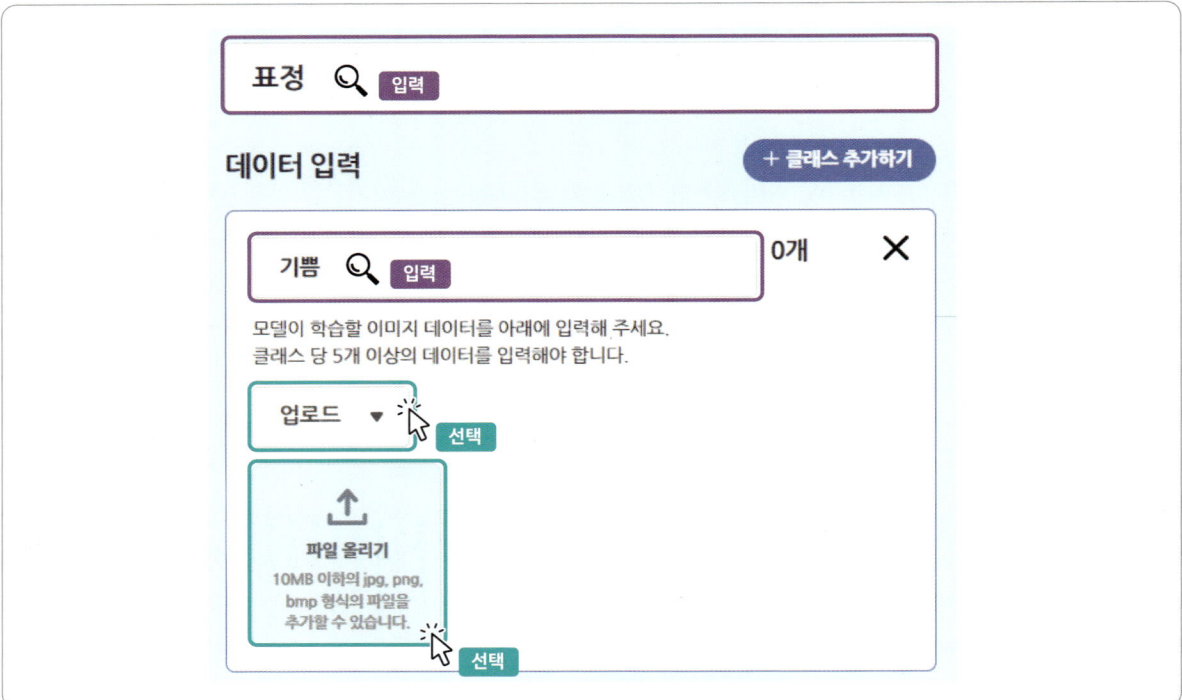

④ [파일 올리기]를 클릭하여 표정 이미지 파일 중에서 '기쁨'에 해당하는 표정들을 업로드합니다. 업로드할 이미지를 마우스로 하나씩 클릭하거나 여러 개를 연속으로 선택할 때는 키보드의 [Ctrl] 키와 함께 이미지를 클릭합니다. 선택이 모두 끝나면 파일 이름을 확인하고 [열기]를 클릭합니다.

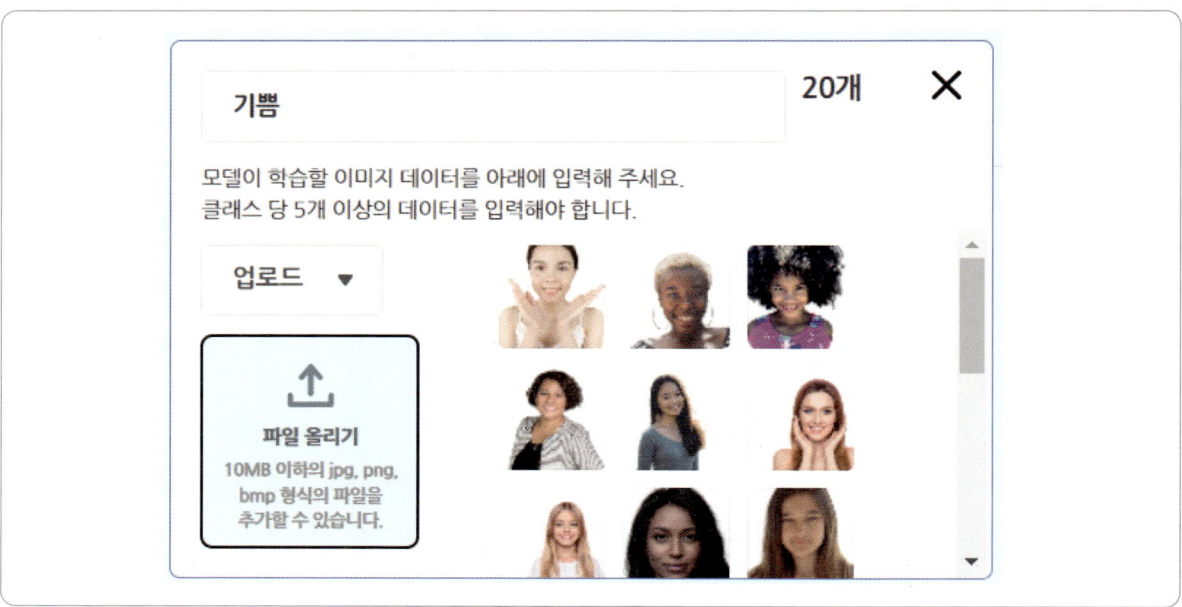

⑤ ④와 같은 방법으로 나머지 클래스에 데이터를 입력합니다. 각 클래스의 데이터 개수는 비슷한 개수로 업로드합니다. 클래스를 추가하고 싶다면 `+ 클래스 추가하기` 를 클릭하여 추가합니다.

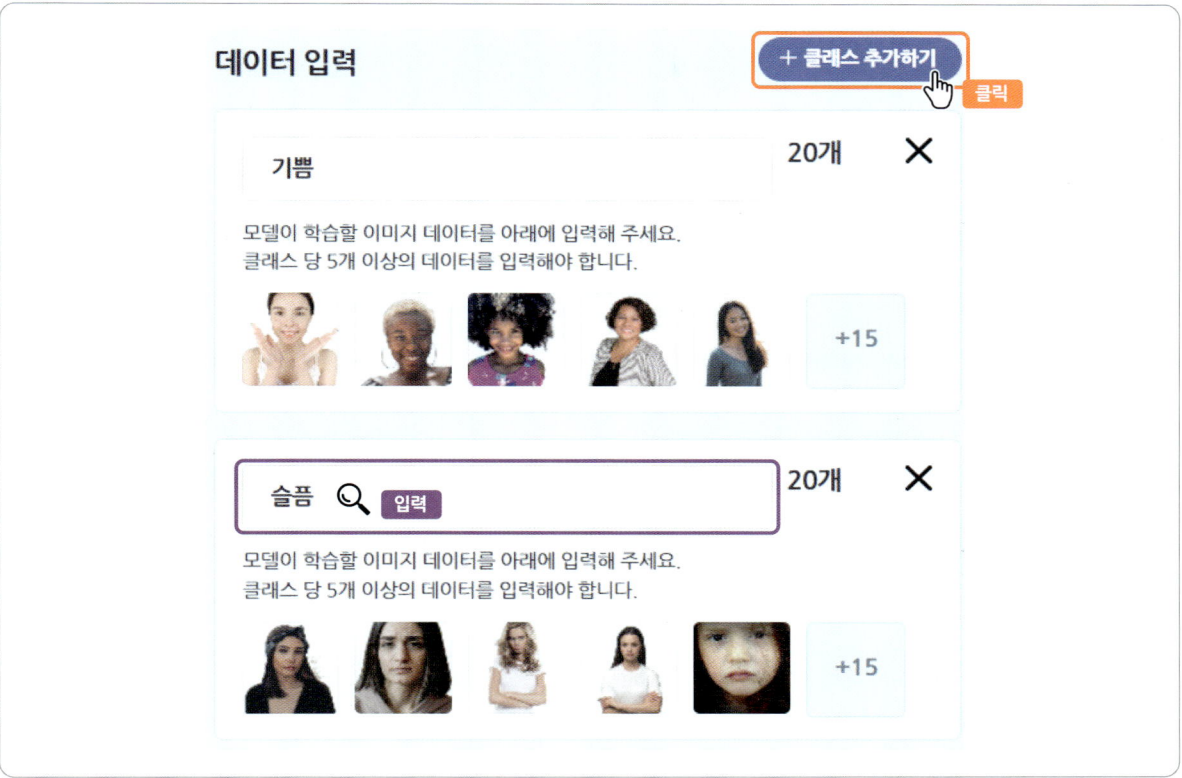

⑥ 클래스를 추가하여 아래와 같이 주변 환경을 📷 버튼을 클릭하여 배경으로 입력합니다.

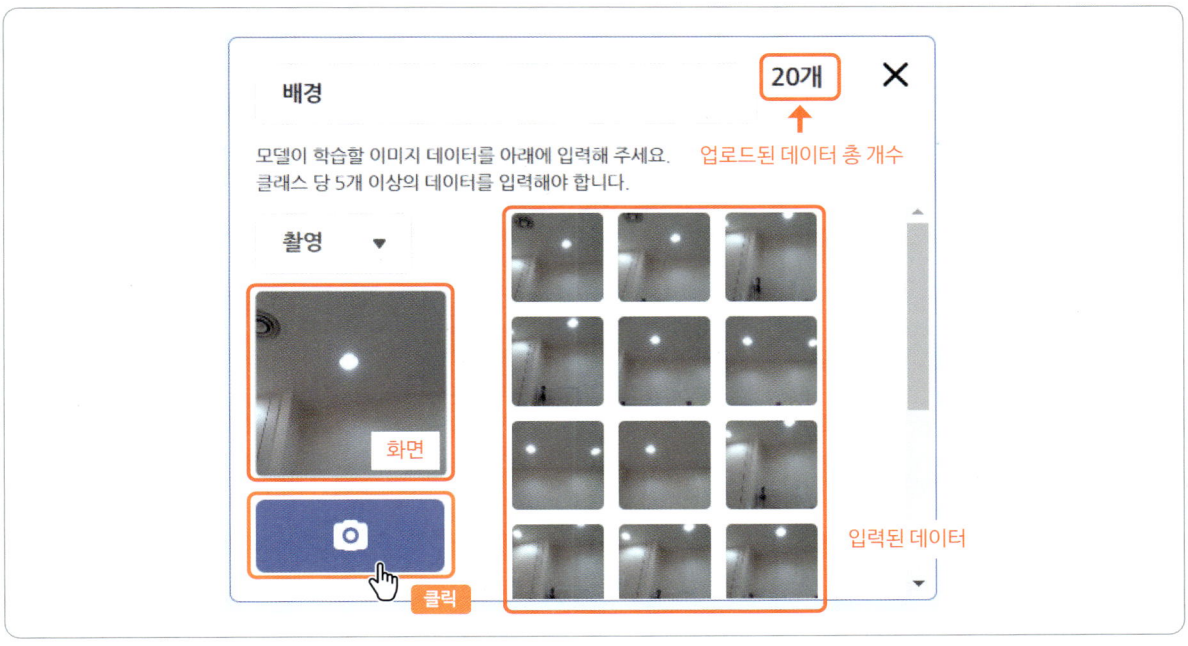

놀면서 배우는 인공지능

 **모델 학습하기**

입력한 데이터와 조건으로 모델을 학습합니다.

① 모든 데이터 입력이 끝났다면 [분류: 이미지 모델 학습하기] 창 중간에 있는 [학습]의 [모델 학습하기]를 클릭합니다. 모델 학습이 끝날 때까지 기다려 학습 완료 메시지를 확인합니다.

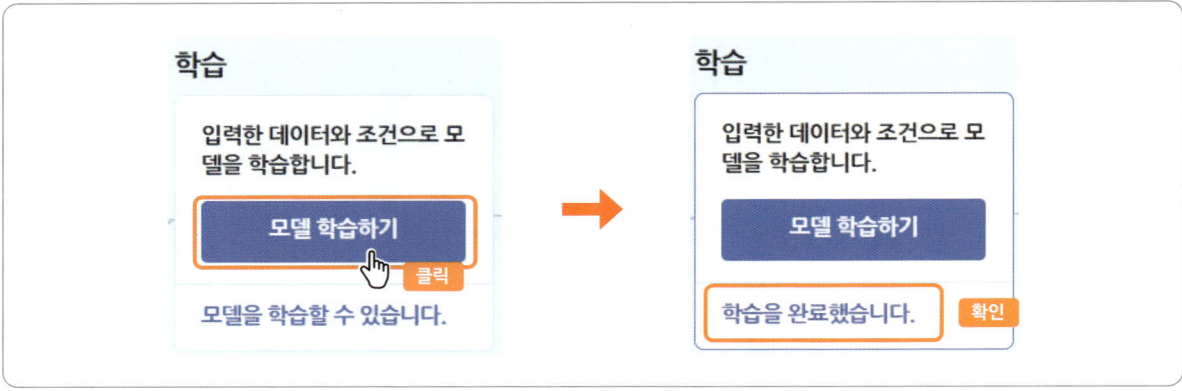

 **결과 확인하기**

모델을 학습한 후 입력한 데이터의 인식률과 결과를 확인합니다.

① [분류: 이미지 모델 학습하기] 창 오른쪽 결과에서 [파일 올리기]를 클릭한 후, 이미지 파일을 업로드하여 화면에 나오는 데이터의 클래스 이름과 인식률을 확인합니다.

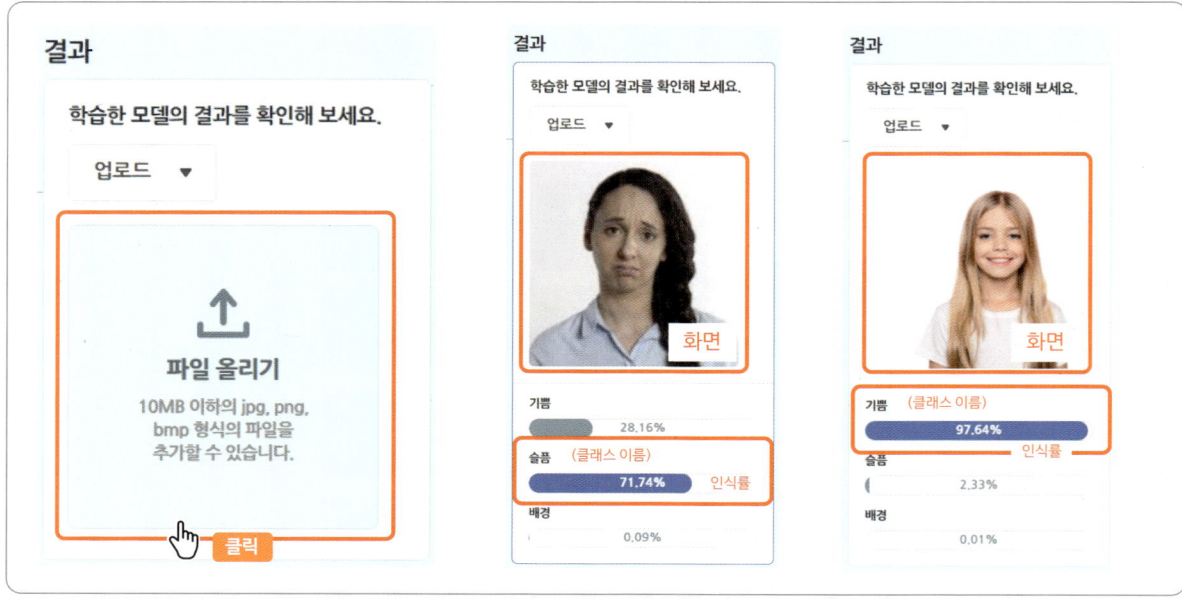

훈련 01 ▸ 테스트 데이터 만들기

인공지능이 학습이 잘 되었는지 확인하기 위해 테스트 데이터를 만들어보세요. 자신 또는 친구의 얼굴을 카메라에 비춰 촬영하여, 테스트 데이터로 사용하세요.

자신의 기쁜 표정 1	자신의 슬픈 표정 1
자신의 기쁜 표정 2	자신의 슬픈 표정 2
친구의 기쁜 표정 1	친구의 슬픈 표정 1
친구의 기쁜 표정 2	친구의 슬픈 표정 2

훈련 02 ▶ 테스트 및 훈련하기

테스트 데이터를 통해 모델 학습 결과를 확인하고 훈련을 통해 인공지능 모델의 학습 데이터 정확도를 높입니다.

① 아래에 테스트 결과를 정리하고 훈련이 필요한 테스트 데이터를 찾아보세요.

테스트	데이터	클래스	인식률	훈련여부
1	나의 웃는 얼굴	기쁨	57(%)	O

② 테스트 결과를 보고 클래스가 일치하지 않거나 인식률이 낮은 테스트 데이터를 추가하여 인공지능을 훈련해 보세요. (테스트 데이터를 추가하고 훈련하는 과정은 학습 01~학습 03을 참고하세요.)

③ 결과를 확인해 보고 인식률이 높아질 때까지 구글 이미지나 무료로 제공하는 얼굴 사진 파일들을 다운로드하여 훈련을 반복해 주세요.

④ 테스트 데이터의 결과가 클래스와 일치하고 인식률이 70% 이상이라면 훈련을 완료합니다.

⑤ [분류: 이미지 모델 학습하기] 창 오른쪽 맨 위에 적용하기 를 클릭합니다.

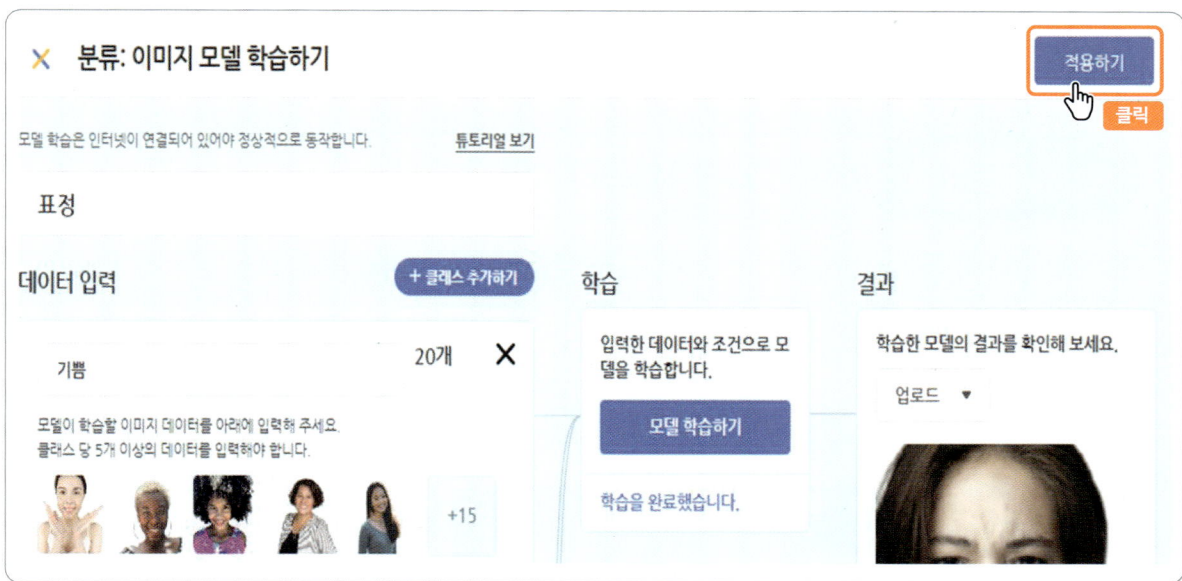

⑥ 엔트리 화면이 나타나면 블록꾸러미 [인공지능]에 표정이 학습된 모델이 적용된 인공지능 블록들이 만들어진 것을 확인할 수 있습니다. (※ 기존 엔트리봇 오브젝트를 삭제하고, 원하는 오브젝트를 추가합니다.)

놀면서 배우는 인공지능 57

인공지능 만들기

학습과 훈련이 완료되면 모델을 적용하여 만든 엔트리 인공지능 블록과 아두이노(서보모터)로 표정을 인식하는 인공지능 얼굴 표정판을 만듭니다. (얼굴 표정판 공작재료 제공, 조립도 참고)

 **준비** 아두이노에 서보모터 연결하기

※ 엔트리와 아두이노 연결하기는 교재 시작 부분의 [아두이노 만나기]를 참고하세요.
  연결된 아두이노에 아래와 같이 서보모터를 연결합니다.

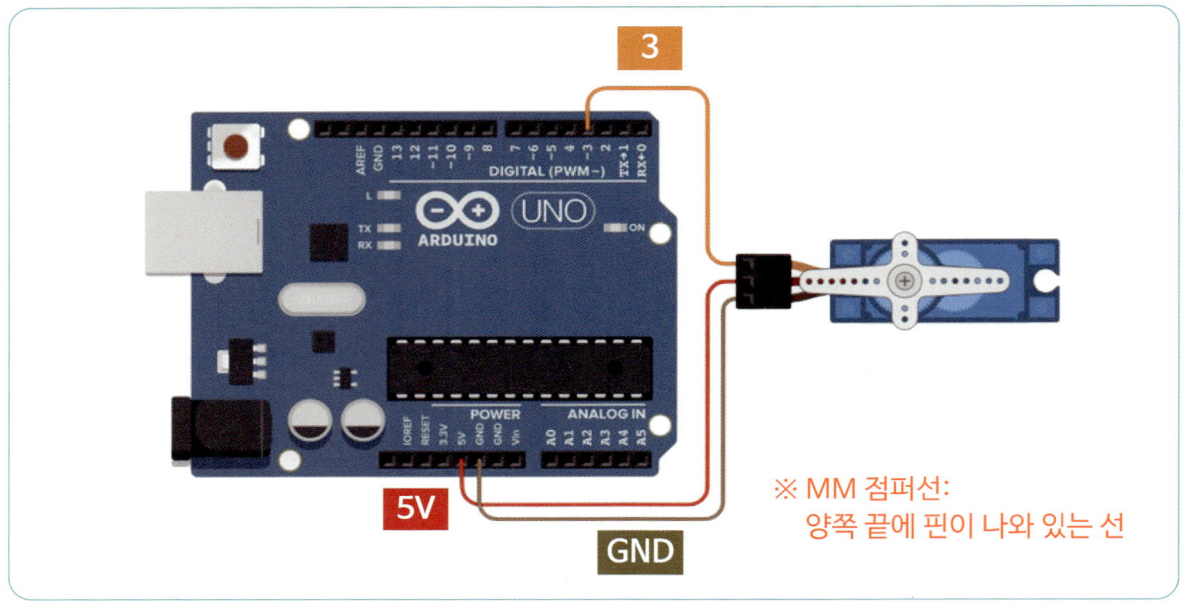

* MM(수수) 점퍼 케이블을 이용하여 서보모터의 주황선은 디지털 3번(주황), 빨강선은 전원핀의 5V(빨강), 갈색선은 전원핀의 GND(갈색)에 연결합니다.

① [시작하기] 버튼을 클릭했을 때 서보모터 각도가 90도가 되도록 아래와 같이 코딩한 후, 서보모터에 날개(혼)를 위의 그림과 같이 끼워주세요. (혼의 위치 초기화 설정 과정입니다.)

② 서보모터의 각도를 0도 또는 180도로 변경한 후, 모터가 잘 동작하는지 테스트해주세요.
  (서보모터가 동작하지 않는다면, 서보모터의 연결을 해제한 후 다시 연결하여 시도해 주세요.)

 **코드 01 코드 작성하기**

※ [시작하기] 버튼을 클릭했을 때 코드를 작성합니다.

① 블록꾸러미 [시작]에서 [시작하기 버튼을 클릭했을 때] 블록을 가지고 옵니다.

② 시작했을 때 서보모터의 각도를 90으로 설정하는 코드를 작성합니다.
- 블록꾸러미 [하드웨어]에서 [디지털 ~번 핀의 서보모터를 ~의 각도로 정하기] 블록을 가지고 옵니다.

③ 간단한 인사와 설명을 말하는 코드를 작성합니다.
- 블록꾸러미 [생김새]에서 [~을(를) ~초 동안 말하기] 블록을 사용하여 간단한 인사와 설명을 말할 수 있도록 합니다.

- 순서에 따라 코드를 작성합니다.

※ 인공지능 블록을 사용하여 학습된 얼굴 표정에 따라 서보모터의 각도를 바꾸는 코드를 작성합니다.

④ 오브젝트를 클릭했을 때 표정을 인식하여 분류 결과에 따라 조건을 나누는 코드를 작성합니다.

- 블록꾸러미 [시작]에서 [오브젝트를 클릭했을 때] 블록을 가지고 옵니다.

- 블록꾸러미 [인공지능]에서 [학습한 모델로 분류하기] 블록을 사용하여 표정을 인식할 수 있도록 합니다.

- 블록꾸러미 [생김새]에서 [~을 ~초 동안 말하기] 블록을 사용하여 분류 결과를 2초 동안 말할 수 있도록 합니다. [분류 결과] 블록은 블록꾸러미 [인공지능]에서 가지고 옵니다.

- 블록꾸러미 [흐름]에서 [만일 ~(이)라면 ~ 아니면] 블록으로 분류한 결과가 배경인가를 가장 먼저 판단하고 아닐 때 기쁨인지 아닌지를 판단할 수 있도록 합니다. 분류 결과를 판단하는 조건은 블록꾸러미 [인공지능]에서 [분류 결과가 ~인가?] 블록을 사용합니다.

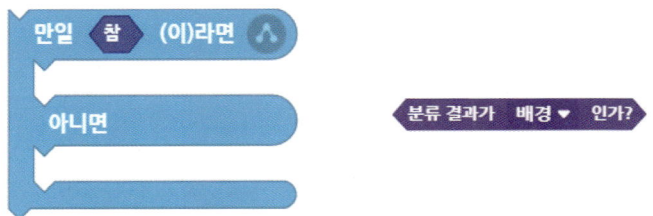

- 순서에 따라 코드를 작성합니다.

⑤ 오브젝트를 클릭하면 분류 결과에 따라 배경일 때는 서보모터가 90도, 기쁨일 때는 0도, 슬픔일 때는 180도로 설정되도록 코드를 작성합니다.

- 블록꾸러미 [하드웨어]에서 [디지털 ~번 핀의 서보모터를 ~의 각도로 정하기] 블록을 사용하여 작성합니다.

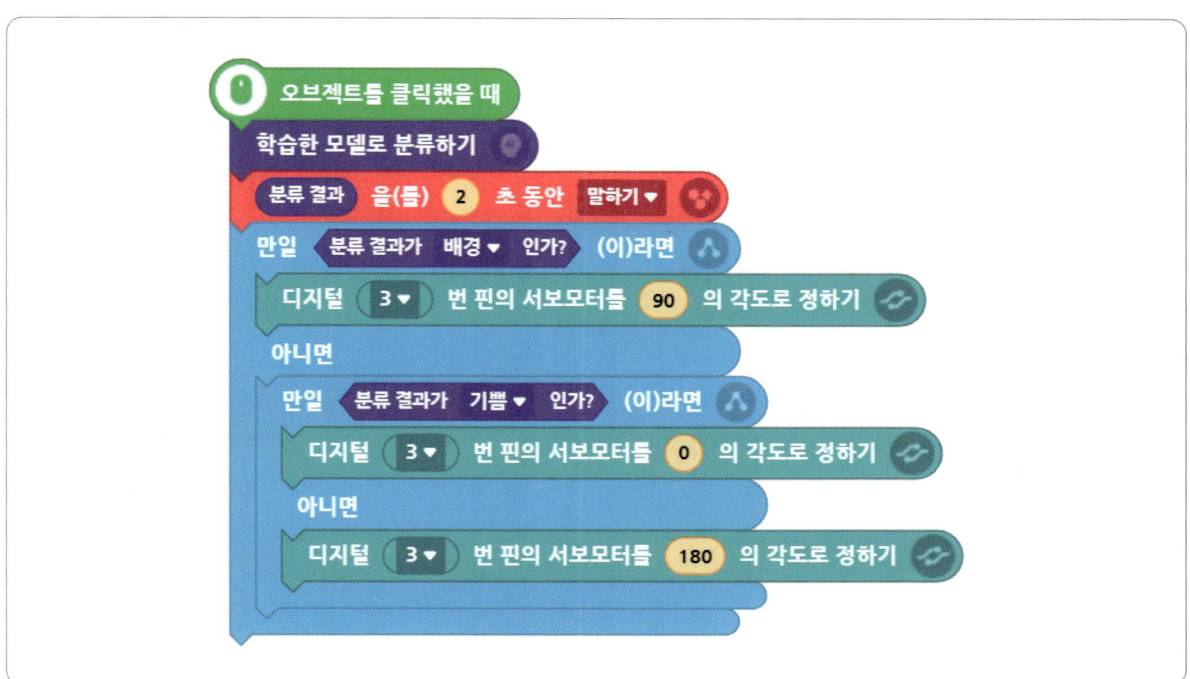

코드 02 ▶ 코드 실행하기

※ 작성한 코드가 잘 작동하는지 확인합니다.

① 엔트리 실행창의  버튼을 클릭합니다.

② 실행이 되면 엔트리봇이 간단한 인사와 설명을 합니다.

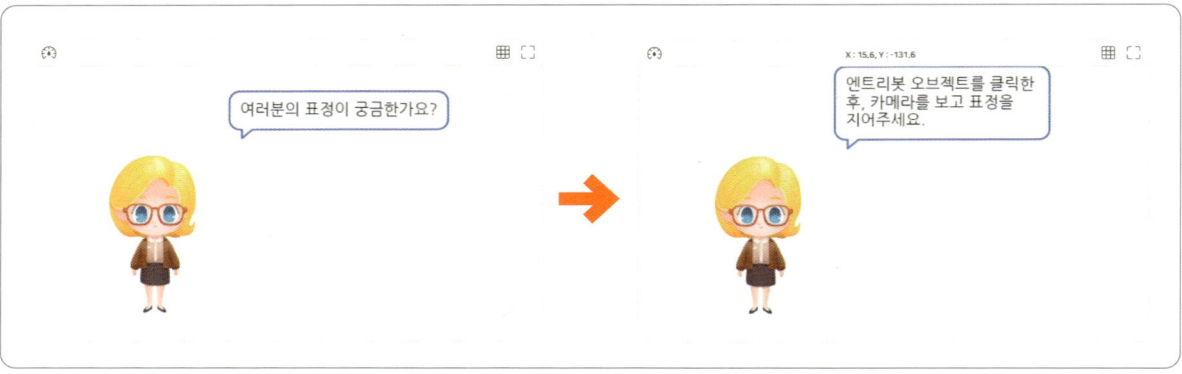

③ 말하기가 끝나면 엔트리봇을 마우스로 클릭합니다.

⑥ 데이터 입력창이 나타나면 ▼을 클릭하고 [촬영]을 선택합니다.

⑦ 웹캠에 직접 얼굴 표정을 짓거나, 사진을 가까이하여 [적용하기]를 클릭합니다.

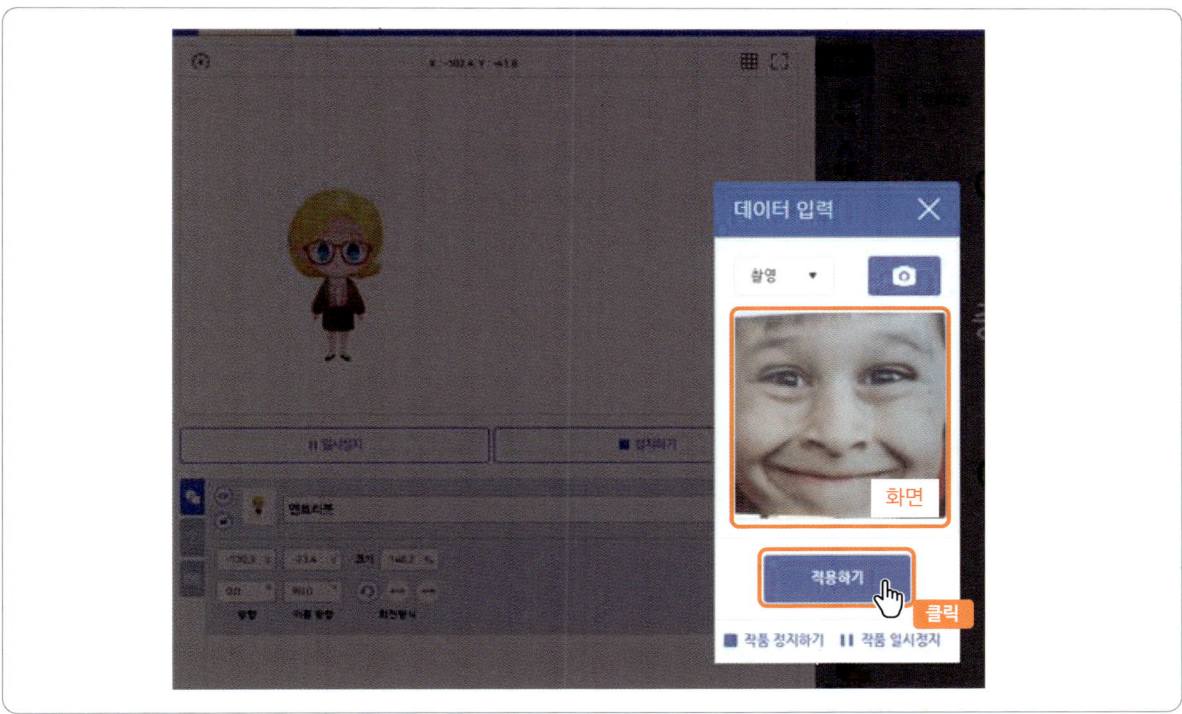

⑧ 엔트리봇이 분류 결과를 말하고 서보모터가 결과를 그대로 출력했는지 확인합니다.

- 엔트리봇 오브젝트를 클릭해서 다른 데이터를 입력하여 서보모터 각도를 바꿔 봅니다.

※ 공작재료를 사용하여 인공지능 얼굴 표정판을 만들어보세요. (인공지능 얼굴 표정판 조립도를 참고하세요.)

활용 방법 및 상상 더하기

1 만들어진 인공지능 모델을 어떻게 사용하고 싶은지 생각해 보세요.

2 어떤 새로운 데이터를 넣어서 인공지능 모델을 만들면 좋을지 생각해 보세요.

아이디어 스케치

# 인공지능 얼굴 표정 만들기

1 공작재료 준비하기

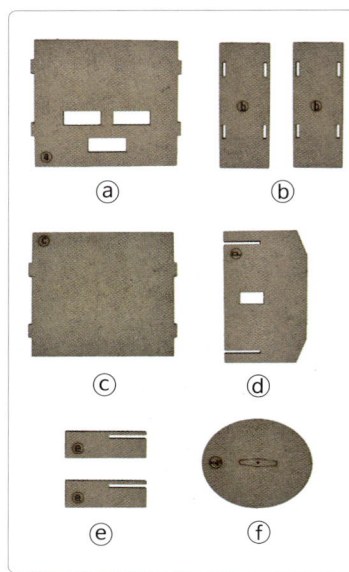

❶ 얼굴 표정 외관
❷ 아두이노 UNO
❸ USB 케이블
❹ MM 점퍼 케이블 3개
❺ 얼굴 활동지(부록3)
❻ 눈과 입 활동지(부록4)
❼ 서보모터 & 일자 날개
❽ 둥근머리접시 나사
❾ 십자 드라이버
❿ 셀로판 테이프

2 외관 조립하기

① 2개의 외관 ⓑ를 세운 후, 외관 ⓐ를 각각의 홈에 끼워 넣습니다.
② 외관 ⓒ를 바닥에 두고, 외관 ⓑ의 남은 홈에 각각 끼워 넣습니다.

3 서보모터 고정판 연결하기

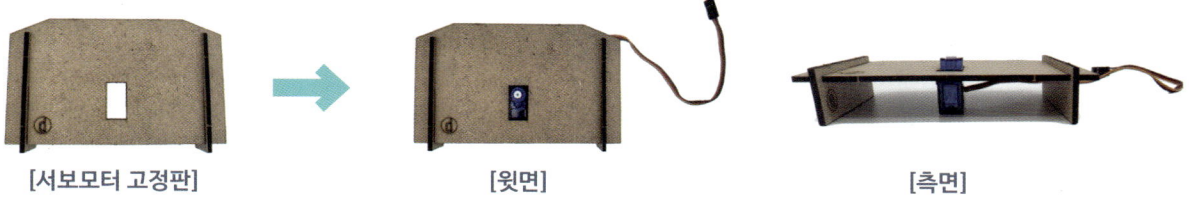

[서보모터 고정판]　　　　　[윗면]　　　　　[측면]

① 외관 ⓓ의 홈에 2개의 외관 ⓔ를 각각 끼워 넣어 서보모터 고정판을 만듭니다.
② 서보모터 고정판에 서보모터를 아래에서 위 방향으로 끼워 고정합니다.

4 서보모터와 외관 f 연결하기

 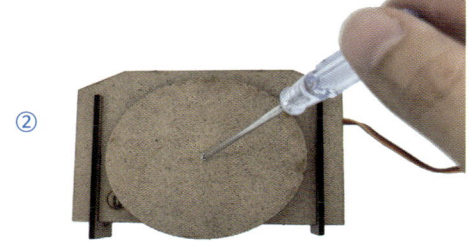

① 외관 ⓕ의 서보모터 날개 위치에 일자형 날개를 셀로판 테이프로 붙입니다.
② 외관 ⓕ를 서보모터 구멍에 맞춰 나사와 드라이버를 사용해 고정시켜 줍니다.
　(※고정하기 전, 교재 58페이지를 참고해서 서보모터의 영점을 맞춰줍니다.)

5 외관 f 앞면 꾸미기

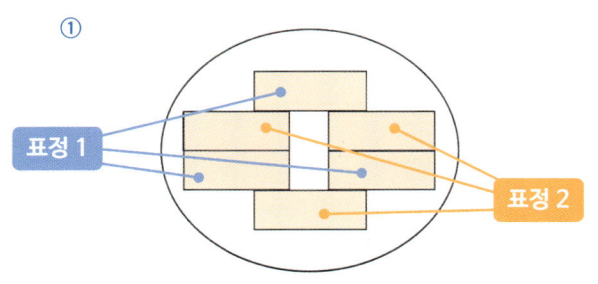 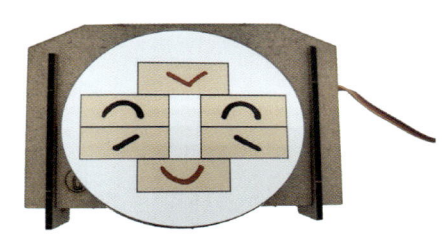

① 눈과 입 활동지(부록 4)에 2가지 표정 모델을 그립니다.
② 외관 ⓕ 앞면에 눈과 입 활동지(부록 4)를 셀로판 테이프로 붙입니다.

인공지능 얼굴 표정 만들기

6 인공지능 얼굴표정 완성하기

① 얼굴 활동지(부록 3)를 외관 ⓐ에 붙입니다.
② 서보모터 고정판을 얼굴 표정 외관 사이에 넣습니다.

서보모터 각도(0도)

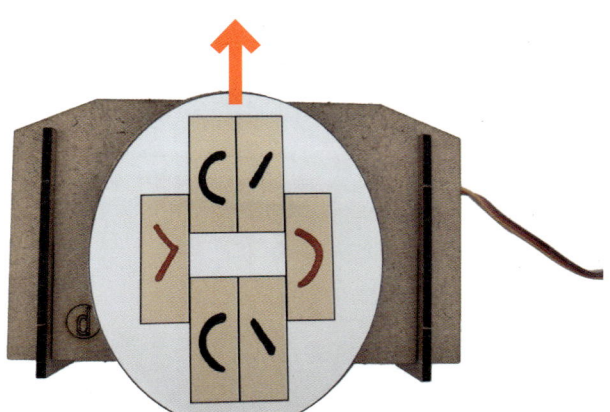

서보모터 각도(90도)

놀면서 배우는 인공지능
with 엔트리와 아두이노

③ 재활용 쓰레기를 구분해요

3 재활용 쓰레기를 구분해요

오늘의 준비물

 아두이노 우노    USB 케이블    서보모터    RGB LED   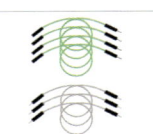 FM 점퍼 케이블 4개 / MM 점퍼 케이블 3개

🧩 학습 목표

① 인공지능이 학습할 재활용 쓰레기 데이터를 만들 수 있다.

② 엔트리에서 재활용 쓰레기를 학습한 인공지능 모델과 아두이노로 인공지능 재활용 쓰레기통을 만들 수 있다.

생활폐기물은 어떻게 처리될까?

여러분은 사람의 생활이나 사업활동에 필요하지 않게 되는 생활폐기물의 처리방법에 대해서 알고 있나요?

생활폐기물을 처리하는 방법으로는 재활용, 소각, 매립 등의 방법이 있습니다. 다시 쓸 수 있는 것은 분리배출을 통해 재활용에 쓰이고 나머지는 가연성과 불연성으로 나누어 소각 또는 매립됩니다. 하지만 소각과 매립은 유해물질 배출로 대기 및 토양 오염과 하천오염 등 다양한 환경오염을 일으킵니다.

여러분은 잘못 버려진 쓰레기들로 인해 해양 생물들이 죽어가고 있다는 뉴스나 기사를 본 적이 있을 거예요. UN기구에 따르면 2050년에는 해양 생물체의 양보다 해양 쓰레기의 양이 더 많아질 것으로 추정되고 있다고 합니다. 앞으로 여러분이 살아가야 할 환경이 쓰레기들로 오염되지 않도록 하려면 어떻게 하면 좋을까요?

가장 좋은 방법은 쓰레기가 나오지 않도록 하는 것이고 다음으로 우리가 할 수 있는 방법으로는 다시 쓸 수 있는 것들을 잘 구분·배출해서 재활용이 되도록 하는게 아닐까요?

이번 단원에서 여러분은 재활용 쓰레기를 구분하는 방법에 대해 알아보고 인공지능이 재활용 쓰레기를 구분할 수 있도록 학습시켜 보도록 합니다.

💡 재활용 쓰레기를 분리해 본 적이 있나요?

💡 재활용 쓰레기를 분리할 때 가장 어려운 점은 무엇인가요?

# 재활용 쓰레기 분리하기

재활용 쓰레기가 아닌 것을 찾아보세요.

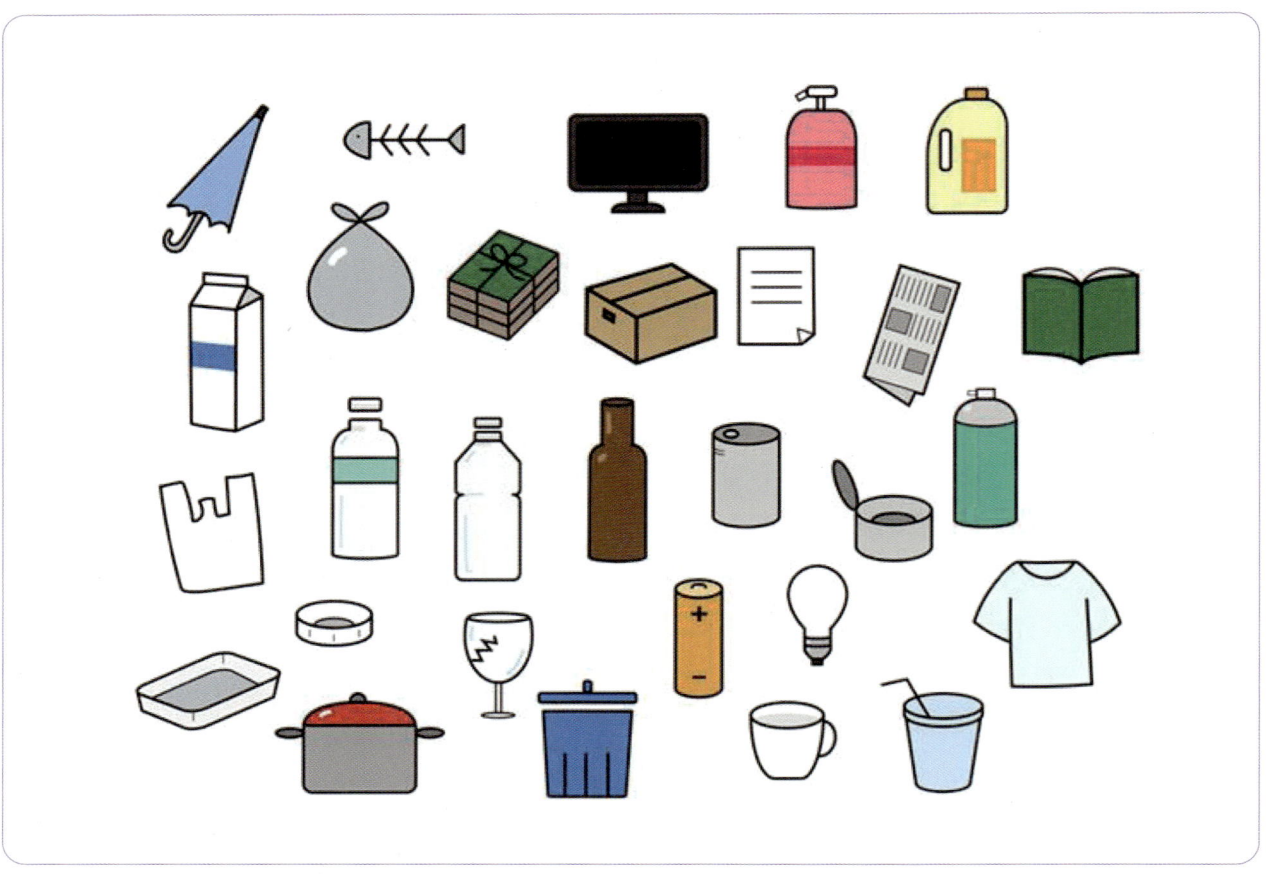

💡 재활용 쓰레기가 아닌 것은 무엇인가요?

💡 재활용 쓰레기와 아닌 것을 어떻게 구분할 수 있나요?

인공지능 알아보기

의사 결정 트리

특정 질문이나 기준에 따라 주어진 데이터를 분류하는 방법

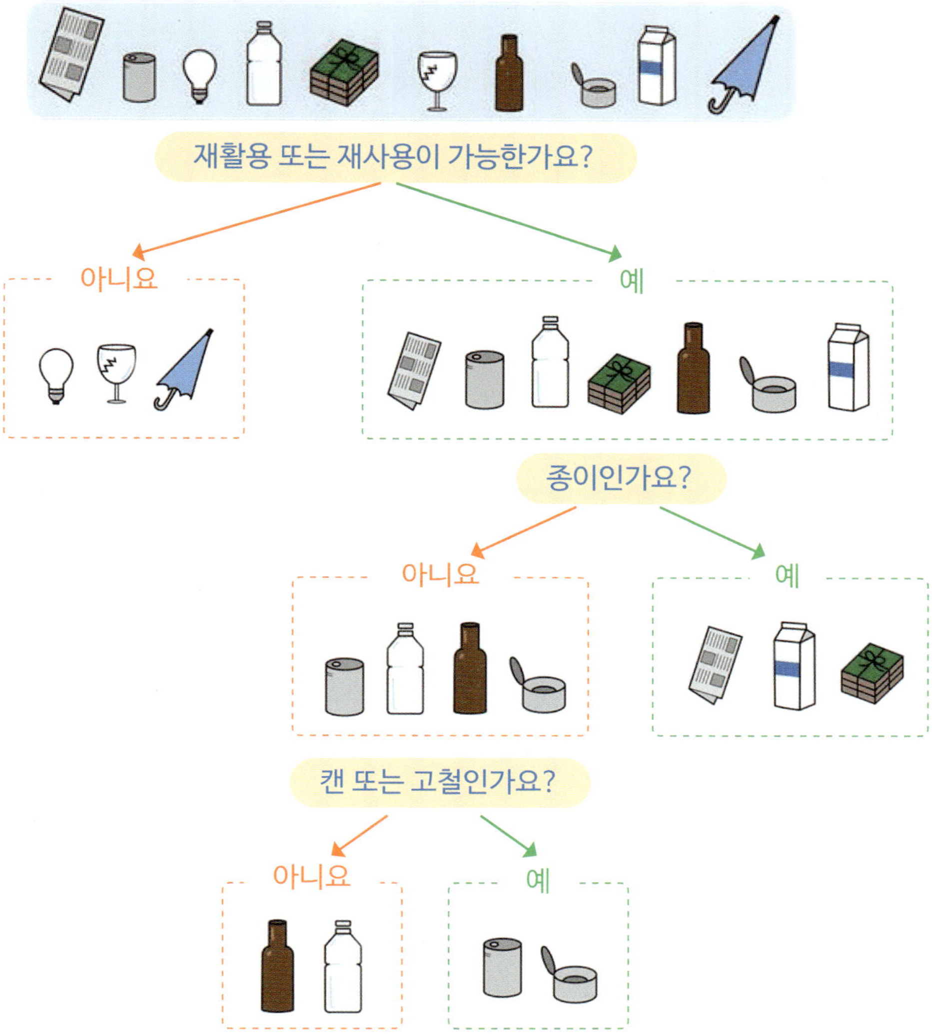

우리는 재활용 쓰레기를 분리배출 할 때 재활용할 수 없는 것과 있는 것들로 분리합니다. 재활용이 가능하지 않은 것들은 일반 쓰레기로 배출하고 나머지는 다시 종이인지, 캔 또는 고철인지 구분하여 배출합니다. 이렇게 규칙과 기준에 따라 데이터를 분류하고 그 결과들을 나뭇가지 구조로 나타낼 수 있는 방법을 의사결정트리라고 하는데 인공지능을 학습시킬 때 사용됩니다.

인공지능이 재활용 쓰레기를 잘 구분할 수 있도록 규칙이나 기준을 만들어보고 인공지능이 학습할 수 있는 재활용 쓰레기 데이터를 만들어보세요.

인공지능 체험해보기!

https://code.org/oceans

 인공지능은 어떻게 해양생물체와 쓰레기를 구분할까요?

Code.org?

컴퓨터 과학은 코딩 그 이상의 것에 관한 학문입니다. 인공지능(AI)과 머신러닝, 학습 데이터에 대해 배우면서 윤리 문제를 탐구하고 AI로 세계적 문제를 어떻게 해결할지 알아보세요. Code.org에서 AI에 관한 더 많은 내용을 배울 수 있습니다.

# 학습 데이터 찾기

찾기 | 재활용 쓰레기 기준 정하기

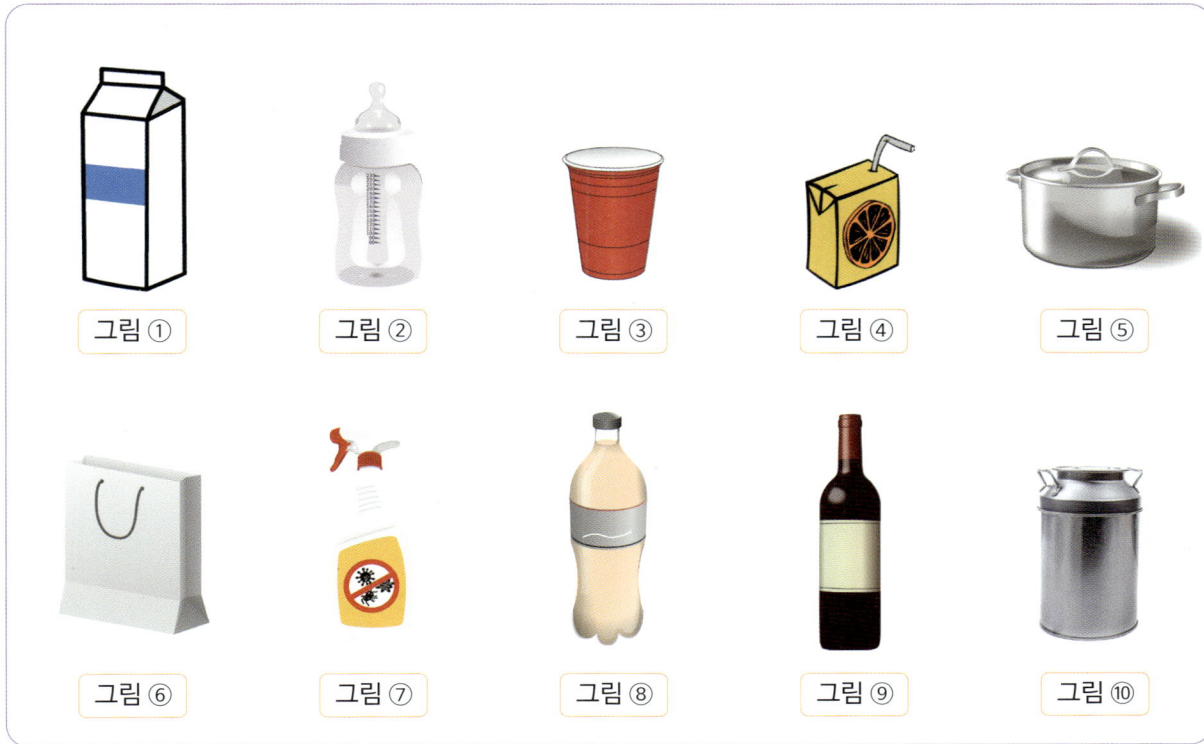

재활용 쓰레기 기준	번호

💡 재활용 쓰레기를 분류하기 위해 어떤 기준을 정했나요?
우리는 어떤 기준으로 재활용 쓰레기를 분류하고 있는지 이야기해 보세요.

학습 데이터 만들기

* 재활용 쓰레기 데이터와 아두이노에 LED, 서보모터를 연결하여 데이터셋을 만들어보세요.

 **데이터셋 정의** 　재활용 분류 + LED 색, 서보모터 각도 지정

엔트리에서 학습한 데이터의 클래스를 아두이노에 연결된 출력장치 LED, 서보모터로 확인합니다. 인공지능에게 학습 데이터와 주변 환경을 구분할 수 있도록 배경을 기본 데이터로 만들어 주세요.

* 규격화된 학습데이터가 아닌 웹캠을 이용하여 학습 데이터를 인식하기 때문에 주변 이미지와 학습 이미지를 구분하여 인식하도록 하기 위해서입니다.

클래스	데이터	이미지개수	LED	서보모터
배경	배경 (기본)	10개	꺼짐	0도
종이	"종이" 이미지	10개	초록색	90도
플라스틱	"플라스틱" 이미지	10개	빨간색	180도

 **데이터**　　**학습 데이터 만들기**

데이터셋에서 정리한 내용으로 데이터를 분류해 보세요. 재활용 쓰레기 이미지를 다운로드 받아 클래스 별로 구분하여 각 폴더에 저장해 주세요. (이미지는 에이스코드랩 네이버 공식카페(https://cafe.naver.com/acecode)에서 다운받을 수 있습니다.) 부록에 있는 재활용 쓰레기 이미지도 점선을 따라 오려 클래스 별로 분류합니다. (부록 5-7 활용)

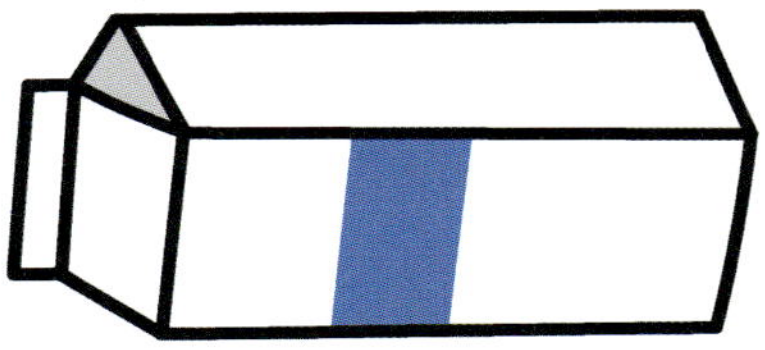

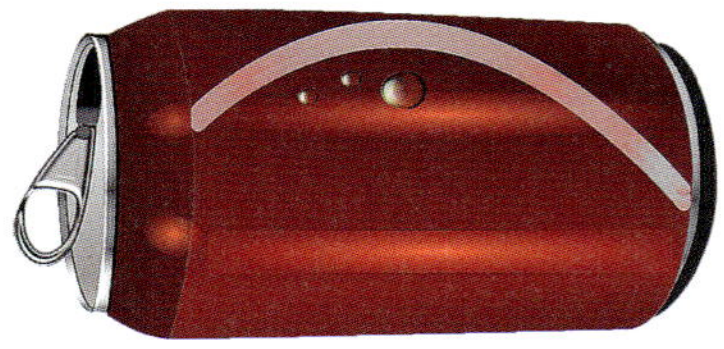

학습 및 훈련 시키기

※ 엔트리와 아두이노 연결하기는 교재 시작 부분의 [아두이노 만나기]를 참고하세요.

 **학습 01** ▶ 재활용 쓰레기 데이터 입력하기

① 블록꾸러미 [인공지능]을 선택한 후 [인공지능 모델 학습하기]를 클릭합니다.

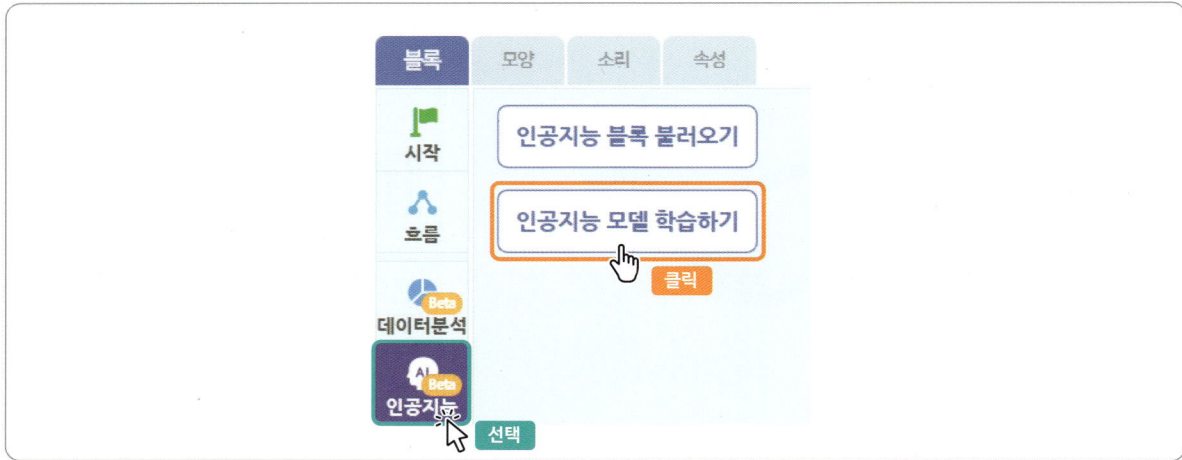

② 입력할 데이터 타입(이미지/텍스트/음성/숫자)에 따라 학습할 모델을 선택합니다. 재활용 쓰레기를 웹캠으로 찍거나 이미지를 업로드하여 데이터를 입력해야 하므로 [분류: 이미지]를 선택한 후 [학습하기]를 클릭합니다.

③ [분류: 이미지 모델 학습하기] 창 왼쪽 맨 위에 인공지능 모델의 이름을 입력합니다. 데이터 입력에는 클래스의 이름을 입력한 후 입력 방식 선택을 위해 ▼을 클릭하여 [업로드]를 선택합니다.

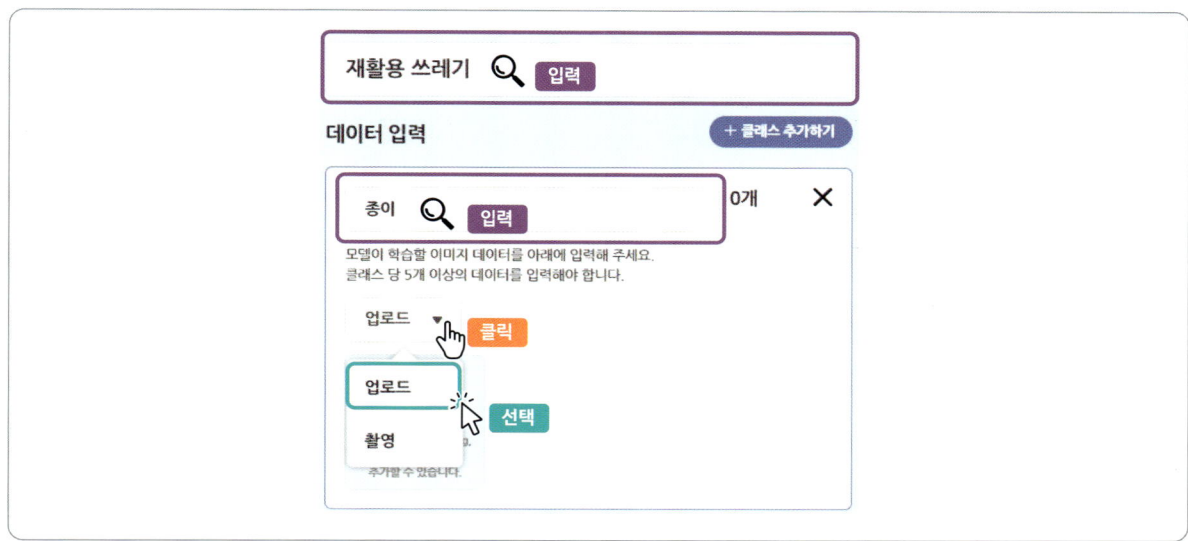

④ [파일 올리기]를 클릭한 후 파일 선택 창이 열리면 업로드할 이미지 데이터가 있는 폴더로 이동합니다. 업로드할 이미지를 마우스로 하나씩 클릭하거나 여러 개를 연속으로 선택할 때는 키보드의 [Ctrl] 키와 함께 이미지를 클릭합니다. 선택이 모두 끝나면 파일 이름을 확인하고 열기를 클릭합니다.

놀면서 배우는 인공지능　79

⑤ 선택한 이미지 파일이 잘 들어왔는지 확인합니다.

⑥ ③,④와 같은 방법으로 나머지 클래스에 데이터를 입력합니다. 각 클래스의 데이터 개수는 비슷한 개수로 업로드합니다. 클래스를 추가하고 싶다면 + 클래스 추가하기 를 클릭하여 추가합니다.

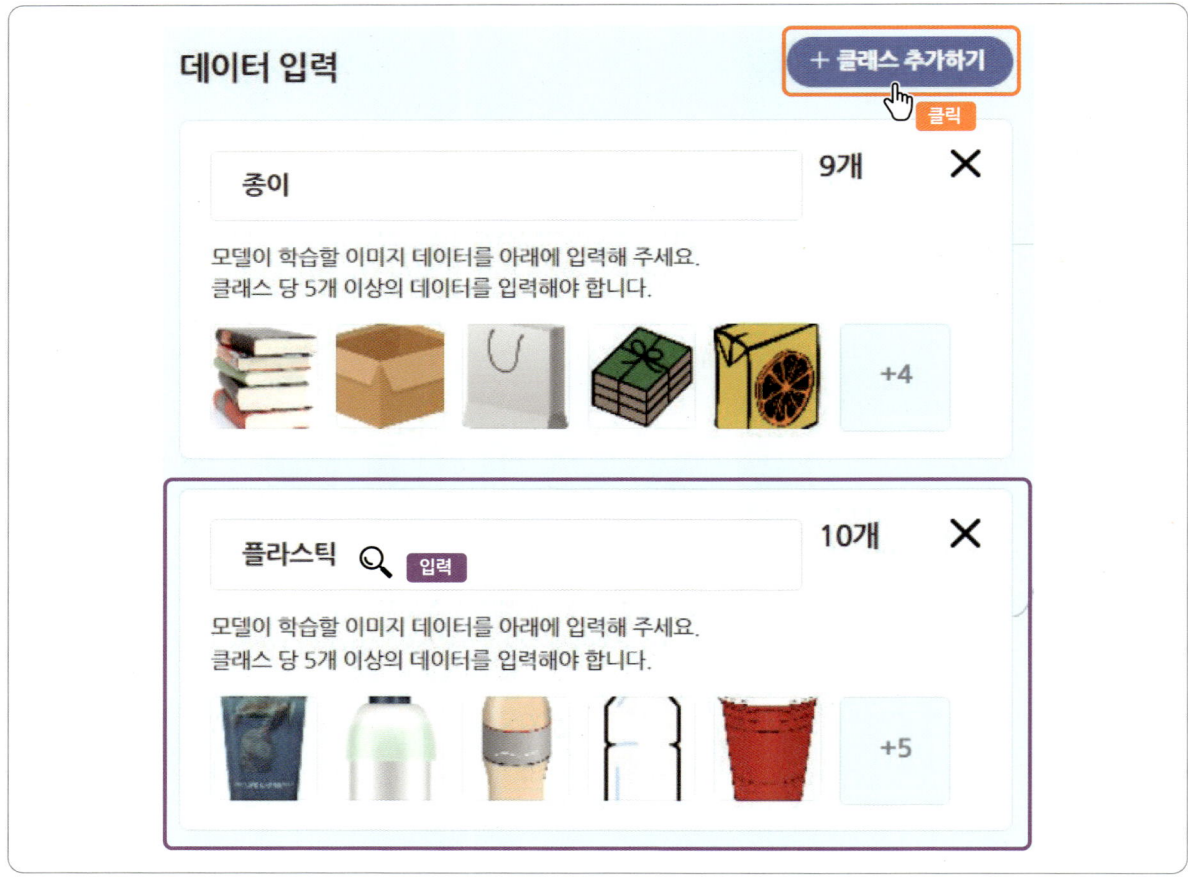

⑦ 클래스를 추가하여 아래와 같이 주변 환경을 [📷] 버튼을 클릭하여 배경으로 입력합니다.

학습 02 ▶ 모델 학습하기

입력한 데이터와 조건으로 모델을 학습합니다.

① 모든 데이터 입력이 끝났다면 [분류: 이미지 모델 학습하기] 창 중간에 있는 [학습]의 [모델 학습하기]를 클릭합니다. 모델 학습이 끝날 때까지 기다려 학습 완료 메시지를 확인합니다.

놀면서 배우는 인공지능 81

 결과 확인하기

모델을 학습한 후 입력한 데이터의 인식률과 결과를 확인합니다.

① [분류: 이미지 모델 학습하기] 창 오른쪽 결과에 데이터 인식 방식 선택을 위해 ▼을 클릭하고 업로드 또는 촬영을 선택합니다.

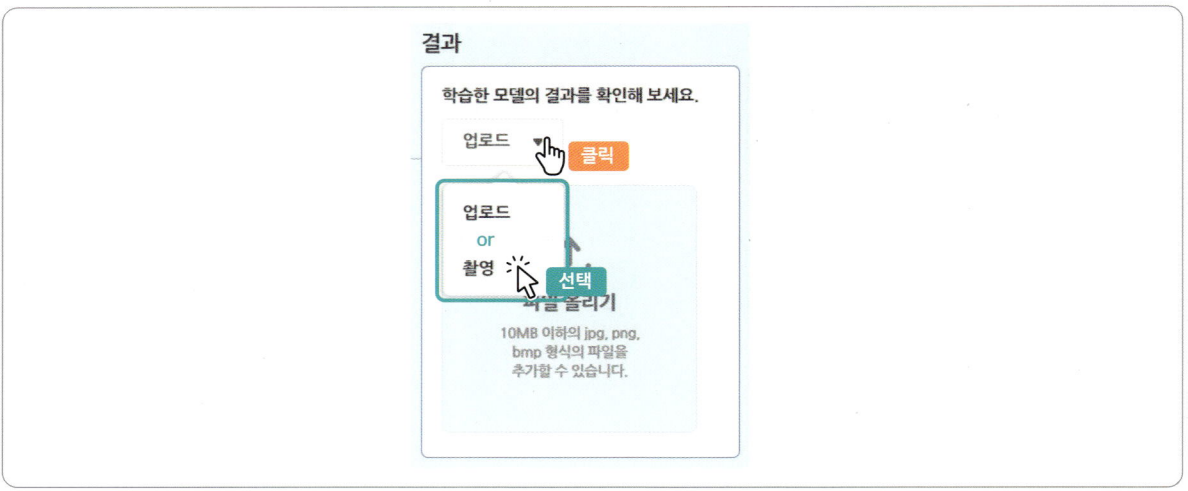

② 데이터로 입력한 이미지 파일을 업로드 또는 부록에 있는 재활용 쓰레기 이미지를 웹캠 앞에 놓고 화면에 잘 나오도록 합니다. 화면에 나오는 데이터의 클래스 이름과 인식률을 확인합니다.

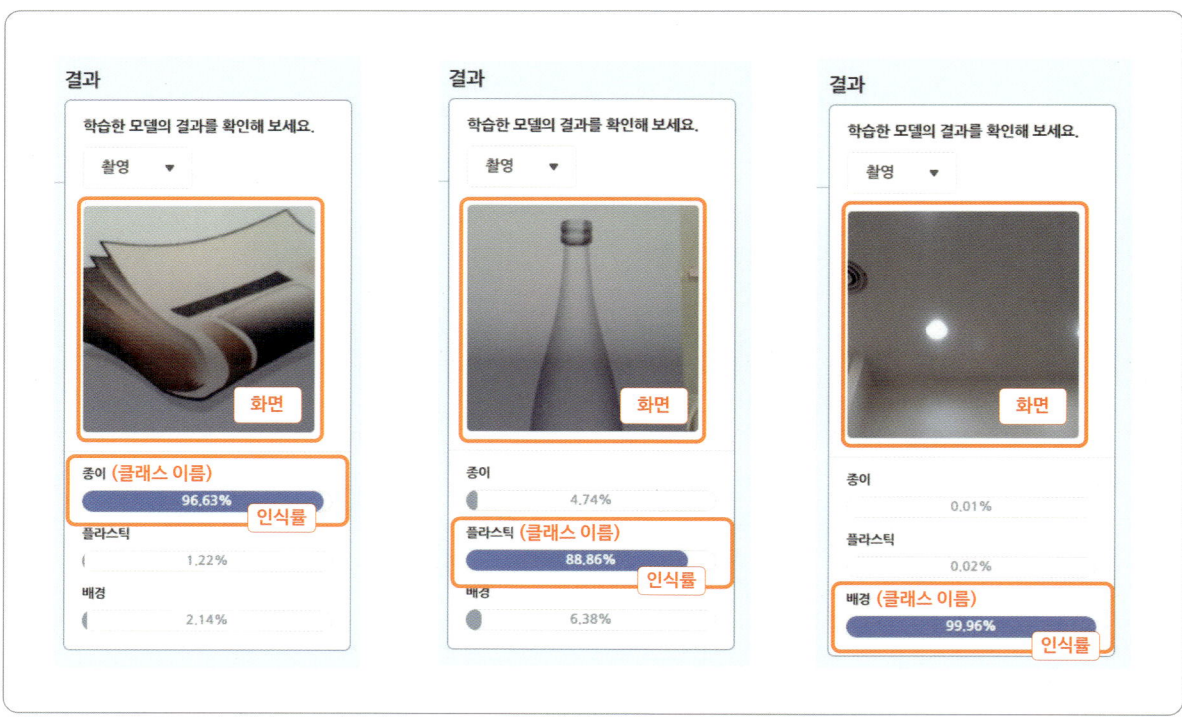

훈련 01 > 테스트 데이터 만들기

인공지능이 학습이 잘 되었는지 확인하기 위해 테스트 데이터를 만들어보세요.
학습 데이터로 사용했던 이미지를 제외하고 부록에 있는 재활용 쓰레기 이미지를 점선을 따라 오려서 테스트 데이터로 사용하세요. (부록 8-10 활용)

훈련 02 ▶ 테스트 및 훈련하기

테스트 데이터를 통해 모델 학습의 결과를 확인하고 훈련을 통해 인공지능 모델의 학습 데이터 정확도를 높입니다.

① 아래에 테스트 결과를 정리하고 훈련이 필요한 테스트 데이터를 찾아보세요.

테스트	데이터	클래스	인식률	훈련 여부
1	이미지10_우유팩	플라스틱	47.09(%)	O

② 테스트 결과를 보고 클래스가 일치하지 않거나 인식률이 낮은 테스트 데이터를 추가하여 인공지능을 훈련해 보세요. (테스트 데이터를 추가하고 훈련하는 과정은 학습 01~ 학습 03를 참고하세요.)

③ 결과를 확인해 보고 인식률이 높아질 때까지 훈련을 반복해 주세요.

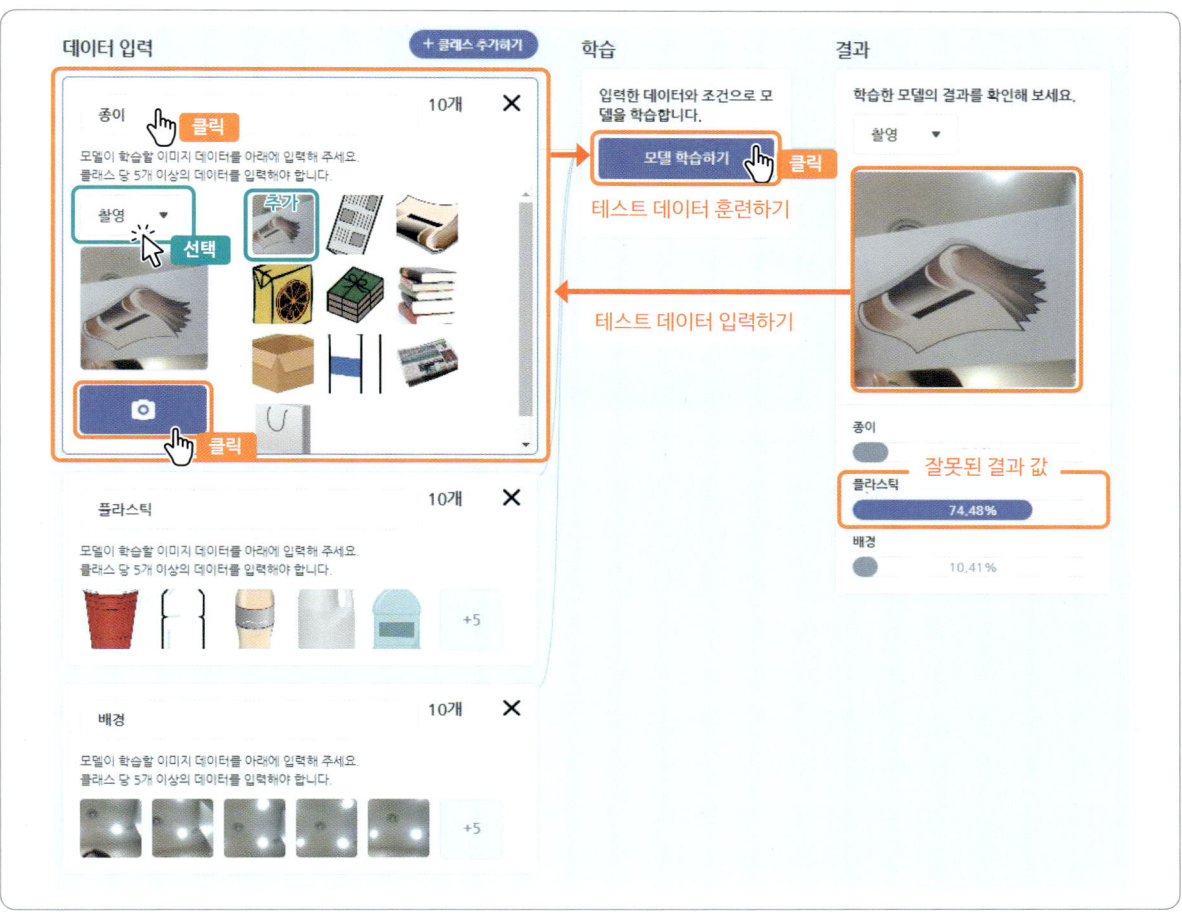

④ 테스트 데이터의 결과가 클래스와 일치하고 인식률이 70% 이상이라면 훈련을 완료합니다.
⑤ [분류: 이미지 모델 학습하기] 창 오른쪽 맨 위에 적용하기 를 클릭합니다.

놀면서 배우는 인공지능 85

⑥ 엔트리 화면이 나타나면 블록꾸러미 [인공지능]에 글자가 학습된 모델이 적용된 인공지능 블록들이 만들어진 것을 확인할 수 있습니다.

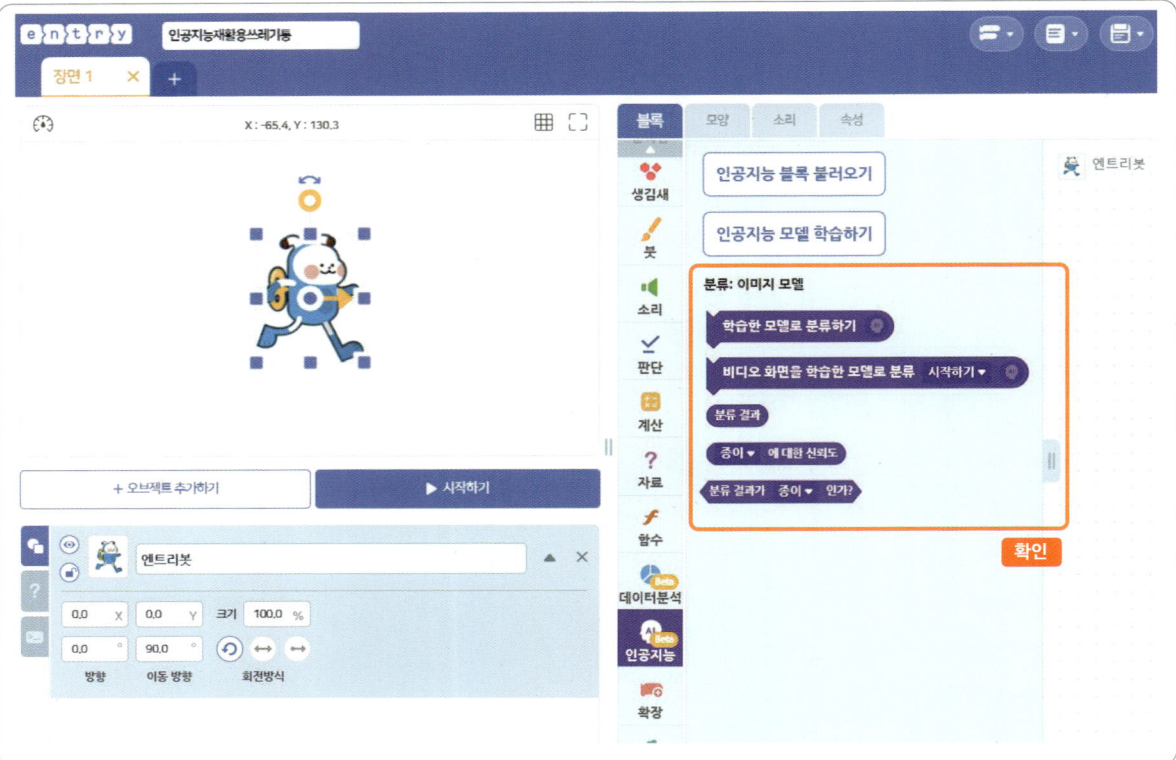

인공지능 만들기

학습과 훈련이 완료되면 모델을 적용하여 만든 엔트리 인공지능 블록과 아두이노(LED, 서보모터)로 재활용 쓰레기를 인식하는 인공지능 재활용 쓰레기통을 만듭니다. (재활용 쓰레기통 공작재료 제공, 조립도 참고)

준비 01 | 아두이노에 LED와 서보모터 연결하기

※ 엔트리와 아두이노 연결하기는 교재 시작 부분의 [아두이노 만나기]를 참고하세요. 연결된 아두이노에 아래와 같이 LED와 서보모터를 연결합니다.

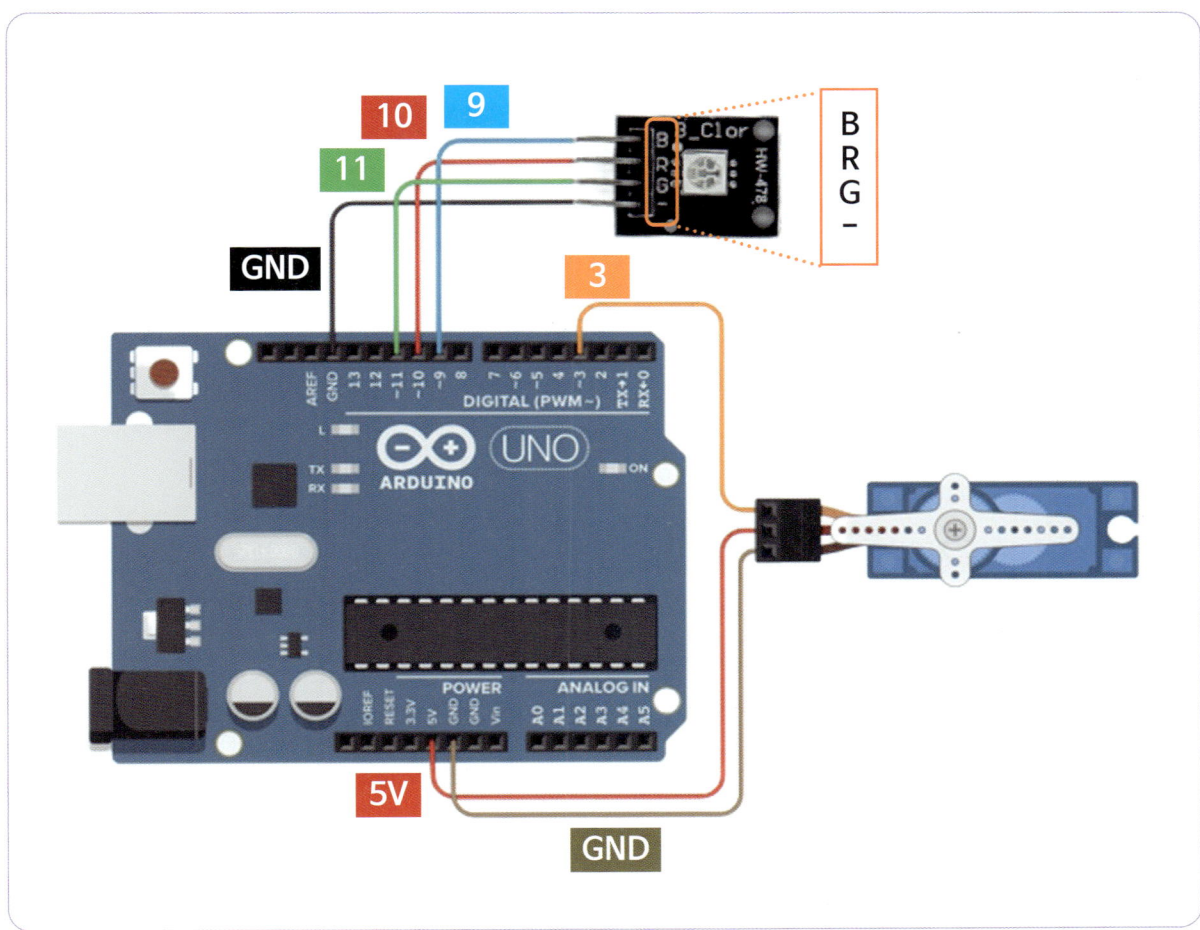

* FM(암수) 점퍼 케이블을 이용하여 B(파랑)는 디지털 9번, R(빨강)은 디지털 10번, G(초록)는 디지털 11번, -(검정)은 GND에 연결합니다.

* MM(수수) 점퍼 케이블을 이용하여 서보모터의 주황선은 디지털 3번(주황), 빨강선은 전원핀의 5V(빨강), 갈색선은 전원핀의 GND(갈색)에 연결합니다.

놀면서 배우는 인공지능 87

준비 02   외부에서 오브젝트 불러오기

① [오브젝트] 창에 있는 엔트리봇 오브젝트의 ×를 클릭하여 삭제하고 [장면] 창 아래에 있는  를 클릭합니다.

② [오브젝트 추가하기] 창이 나타나면 선택 탭에서 [파일 올리기]를 클릭한 후 파일 올리기 아이콘이 나타나면 클릭합니다. 파일 선택 창이 뜨면 다운로드한 eo 형식 파일을 선택한 후 [열기]를 클릭하여 파일을 가지고 옵니다. (eo 형식 파일은 에이스코드랩 네이버 공식카페(https://cafe.naver.com/acecode)에서 다운받을 수 있습니다.)

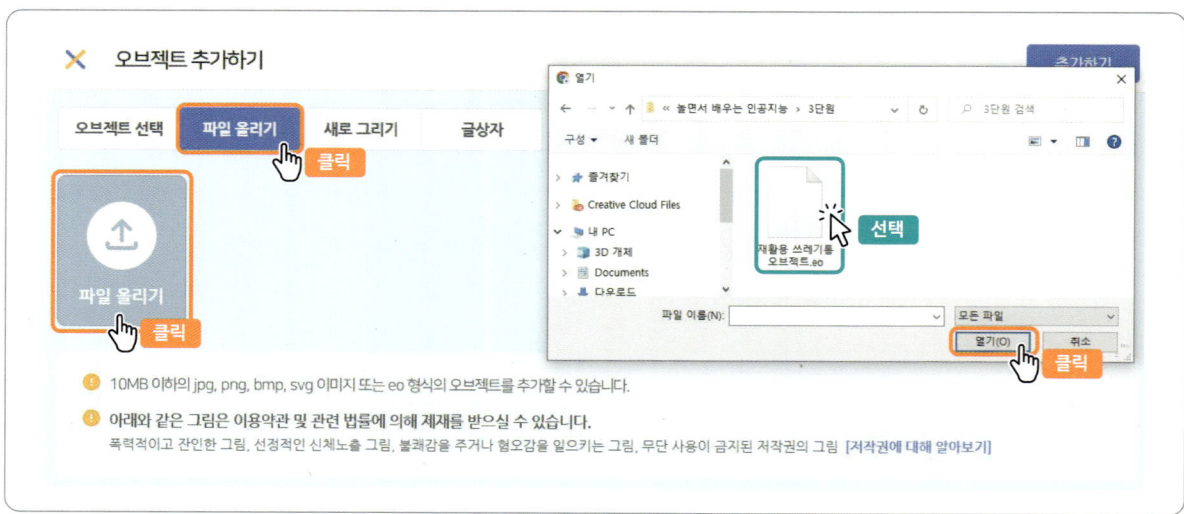

③ 새 오브젝트가 올라온 것을 확인하고 오른쪽 상단의 추가하기를 클릭합니다.

④ 엔트리 화면에서 블록꾸러미 위의 선택 탭에서 모양을 클릭하여 오브젝트 모양을 확인합니다. 배포 오브젝트는 배경, 종이, 플라스틱 세 개의 모양을 가지고 있습니다. 필요하다면 모양 이름과 모양에 있는 텍스트를 클래스 이름과 똑같이 바꿔주세요. (* 텍스트를 변경할 경우는 메뉴 아이콘에 있는 T 를 클릭하고 모양 이미지에 있는 텍스트 중간을 더블 클릭하여 텍스트를 바꾼 후 [저장하기] 버튼을 클릭합니다.)

코드 01 ▶ 코드 작성하기

※ [시작하기] 버튼을 클릭했을 때 코드를 작성합니다.

① 블록꾸러미 [시작]에서 [시작하기 버튼을 클릭했을 때] 블록을 가지고 옵니다.

② 시작했을 때 서보모터의 각도는 0으로 설정하는 코드를 작성합니다.
- 블록꾸러미 [하드웨어]에서 [디지털 ~번 핀의 서보모터를 ~의 각도로 정하기] 블록을 가지고 옵니다.

③ LED가 꺼져있도록 하는 코드를 함수로 만듭니다.
  * LED가 꺼져있도록 하는 코드는 1단원에서 블록 꾸러미 [하드웨어]에서 [디지털 ~번 핀을 ~(으)로 정하기] 블록을 사용하여 9번, 10번, 11번 핀의 값을 모두 0으로 입력하여 코드를 작성하였습니다. 3단원에서는 아래와 같이 세 개의 핀(9, 10, 11번)을 제어하는 코드를 하나의 블록으로 만들어 사용합니다.

- 블록 꾸러미 [함수]에서 [함수 만들기]를 클릭합니다.

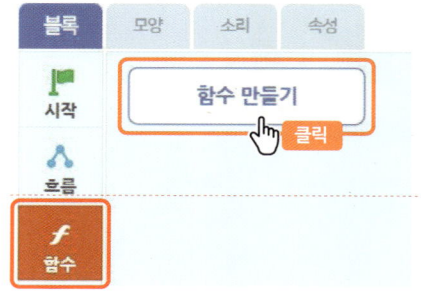

- 블록꾸러미 [함수]에 나타난 [이름], [문자/숫자값]을 사용하여 [함수 정의하기] 블록을 만듭니다.

* 블록을 연결할 때 [이름] 또는 [문자/숫자값] 블록을 드래그하여 연결 부분이 하얗게 변하면 드롭하여 원하는 위치에 조립합니다.

- [함수 정의하기] 블록에 [이름] 블록과 [문자/숫자값] 블록을 아래와 같이 조립하고 각 [이름] 블록을 클릭하여 LED의 3개 핀을 나타내는 B(파랑), R(빨강), G(초록)를 입력합니다.

- [함수 정의하기] 블록에 블록꾸러미 [하드웨어]에서 [디지털 ~번 핀을 ~(으)로 정하기] 블록을 3개를 가져다 놓은 후 핀 번호에 9, 10, 11번을 선택합니다.

- [함수 정의하기] 블록에 조립해 놓은 [문자/숫자값1]은 9번 값에, [문자/숫자값2]는 10번 값에, [문자/숫자값3]은 11번 값에 드래그&드롭하여 조립합니다.

- [문자/숫자값]에 값을 입력하면 연결된 [디지털 ~번 핀을 ~로 정하기] 블록에 값으로 입력됩니다.

- [함수 만들기] 창 아래 쪽의 [확인]을 클릭하면 아래와 같이 정의된 함수 블록이 만들어집니다.

- 정의된 함수 블록을 가지고 온 후 B(9번), R(10번), G(11번)에 0을 입력합니다.

④ 오브젝트 모양이 '배경' 모양이 되도록 코드를 작성합니다.
- 블록꾸러미 [생김새]에서 [~ 모양으로 바꾸기] 블록을 가지고 와서 모양을 [배경]으로 선택합니다.

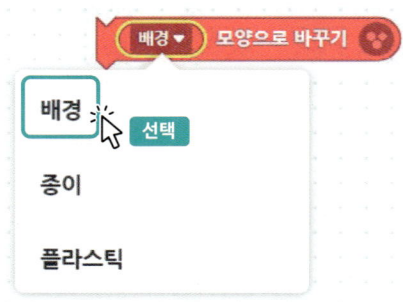

⑤ 간단한 인사와 설명을 말하는 코드를 작성합니다.
- 블록꾸러미 [생김새]에서 [~을 ~초 동안 말하기] 블록을 사용하여 간단한 인사와 설명을 말할 수 있도록 합니다.

- 순서에 따라 코드를 작성합니다.

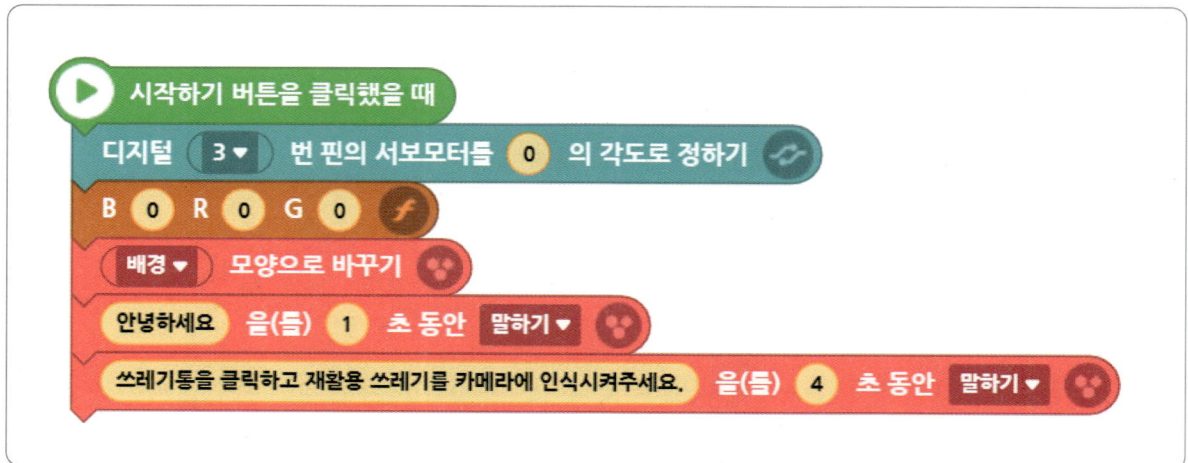

※ 인공지능 블록을 사용하여 학습된 재활용 쓰레기로 오브젝트의 모양과 아두이노의 LED 색, 서보모터 각도를 바꿀 수 있는 코드를 작성합니다.

③ 오브젝트를 클릭했을 때 글자를 인식하여 분류 결과에 따라 조건을 나누는 코드를 작성합니다.
  - 블록꾸러미 [시작]에서 [오브젝트를 클릭했을 때] 블록을 가지고 옵니다.

  - 블록꾸러미 [인공지능]에서 [학습한 모델로 분류하기] 블록을 사용하여 글자를 인식할 수 있도록 합니다.

  - 블록꾸러미 [생김새]에서 [~을 ~초 동안 말하기] 블록을 사용하여 분류 결과를 2초 동안 말할 수 있도록 합니다. [분류 결과] 블록은 블록꾸러미 [인공지능]에서 가지고 옵니다.

  - 블록꾸러미 [흐름]에서 [~만일 ~(이)라면 ~ 아니면] 블록으로 분류한 결과가 배경인가를 가장 먼저 판단하고 아닐 때 종이인지 아닌지를 판단할 수 있도록 합니다. 분류 결과를 판단하는 조건은 블록꾸러미 [인공지능]에서 [분류 결과가 ~인가?] 블록을 사용합니다.

  - 순서에 따라 코드를 작성합니다.

④ 오브젝트를 클릭하면 분류 결과에 따라 오브젝트 모양, LED 색, 서보모터 각도를 바꾸는 코드를 작성합니다. (데이터셋 정의에서 지정한 클래스의 LED색, 서보모터 각도를 참고합니다.)

• 오브젝트 모양 (배경, 종이, 플라스틱)

• LED 색 지정 (0~255)

9번(파랑)　　10번(빨강)　　11번(초록)

• 서보모터 각도 지정 (0~180)

• 분류 결과가 배경일 때 : 오브젝트 모양은 배경, LED는 꺼짐, 서보모터는 0도
• 분류 결과가 종이일 때 : 오브젝트 모양은 종이, LED는 초록, 서보모터는 90도
• 분류 결과가 플라스틱일 때 : 오브젝트 모양은 플라스틱, LED는 빨강, 서보모터는 180도
• ③에서 작성한 코드에 만들어 놓은 코드를 조건에 따라 삽입합니다.

코드 02 ▶ 코드 실행하기

※ 작성한 코드가 잘 작동하는지 확인합니다.

① 엔트리 실행창의  버튼을 클릭합니다.

② 실행이 되면 엔트리봇이 간단한 인사와 설명을 합니다.

③ 말하기가 끝나면 재활용 쓰레기통 오브젝트를 마우스로 클릭합니다.
④ 데이터 입력창이 나타나면 ▼을 클릭하고 업로드 또는 촬영을 선택합니다.
⑤ 웹캠에 재활용 쓰레기 카드를 화면에 잘 보이도록 하고 [적용하기]를 클릭하거나, 또는 재활용 쓰레기 이미지를 업로드한 후 [적용하기]를 클릭합니다.

놀면서 배우는 인공지능   95

⑥ 재활용 쓰레기통이 분류 결과를 말하고 오브젝트 모양, LED 색, 서보모터 각도가 맞는지 확인합니다.

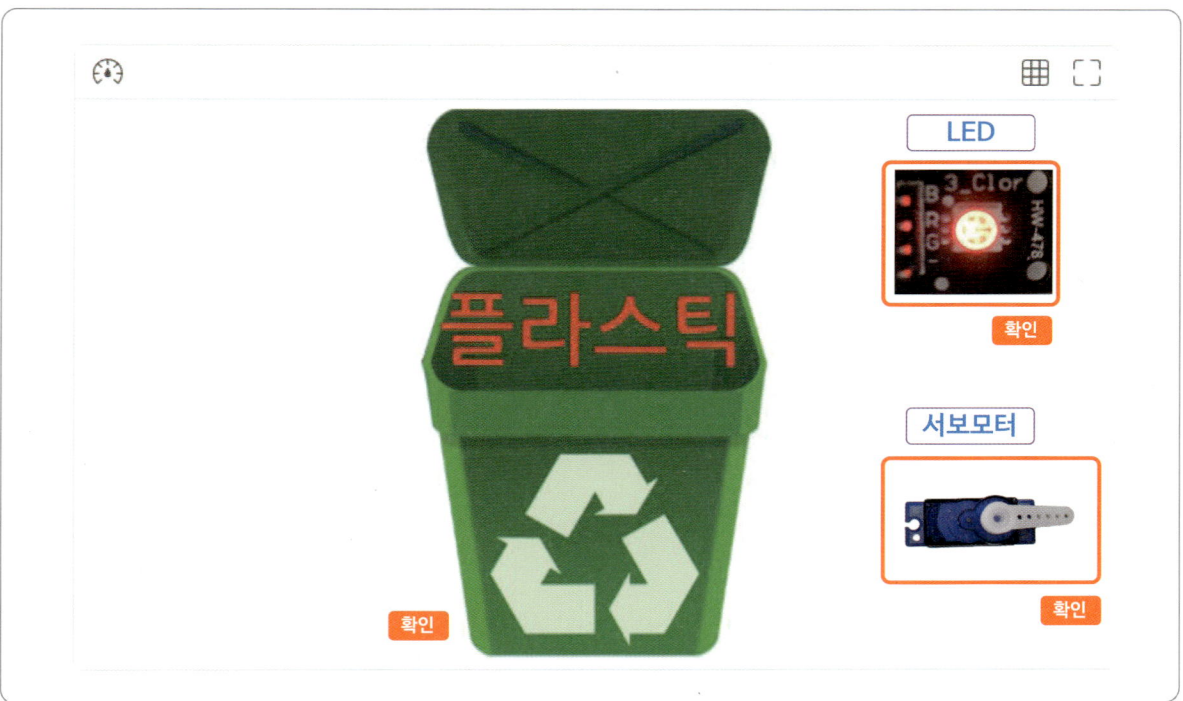

• 재활용 쓰레기통 오브젝트를 클릭해서 다른 데이터를 입력하여 분류 결과가 맞는지 확인해 보세요.

※ 공작재료를 사용하여 인공지능 재활용 쓰레기통을 만들어보세요.
  (인공지능 재활용 쓰레기통 조립도를 참고하세요.)

활용 방법 및 상상 더하기

1 다양한 기능을 추가해보고 코드를 함수로 만들어 간단하게 만들어 보세요.

2 재활용 쓰레기를 어떻게 분류하면 재사용률이 높아질지 생각해보고 데이터를 만들어 새로운 인공지능 모델을 만들어 보세요.

아이디어 스케치

인공지능 재활용 쓰레기통 만들기

1 공작재료 준비하기

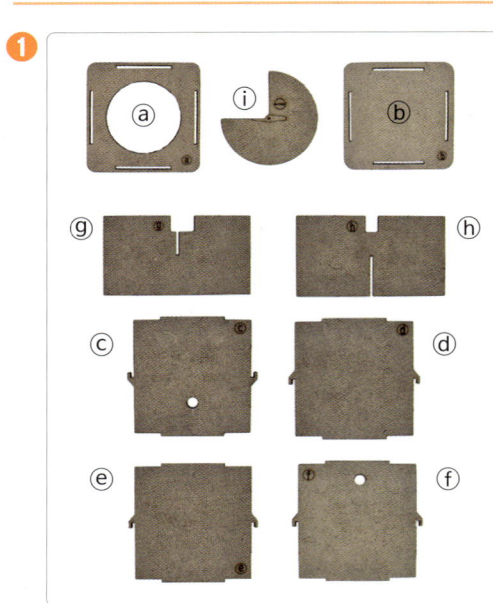

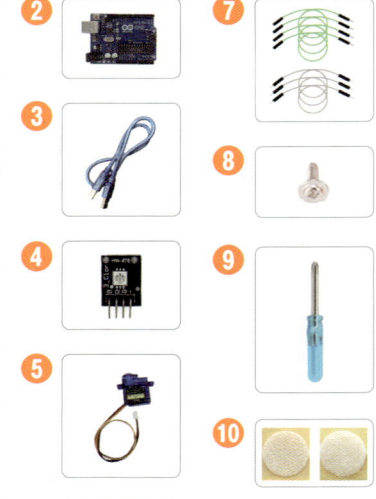

❶ 쓰레기통 외관
❷ 아두이노 UNO
❸ USB 케이블
❹ RGB LED 모듈
❺ 서보모터
❻ 서보모터 혼(양날)
❼ FM 점퍼 케이블 4개
　MM 점퍼 케이블 3개
❽ 둥근머리접시 나사
❾ 십자 드라이버
❿ 벨크로

2 외관 조립하기

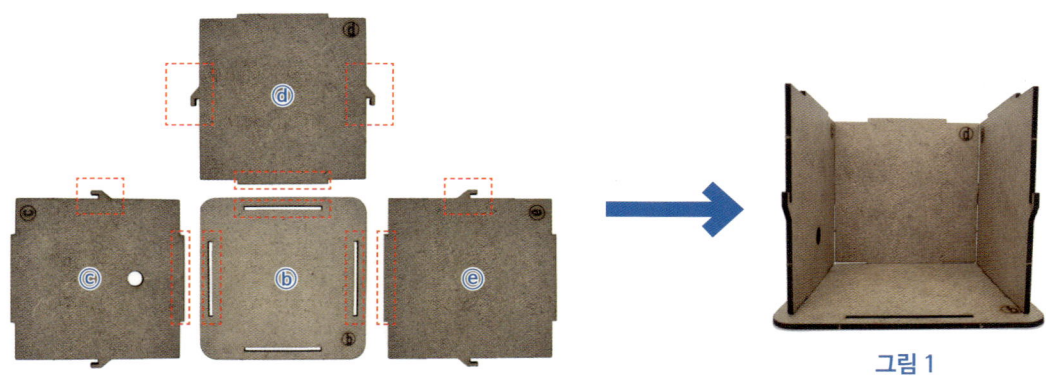

그림 1

① 외관 ⓑ를 바닥에 놓고 외관 ⓒ의 아랫부분을 외관 ⓑ의 왼쪽 홈에 끼워 넣어 줍니다.
② 외관 ⓒ의 걸쇠고리에 외관 ⓓ의 걸쇠고리를 위에서 아래로 걸어주고 외관 ⓓ의 아랫부분을 외관 ⓑ의 위쪽 홈에 끼워 넣어 줍니다.
③ 외관 ⓓ의 걸쇠고리에 외관 ⓔ의 걸쇠고리를 아래에서 위로 걸어주고 외관 ⓔ의 아랫부분을 외관 ⓑ의 오른쪽 홈에 끼워 넣어서 [그림 1]과 같이 완성시킵니다.

3 LED 모듈 내부에 설치하기

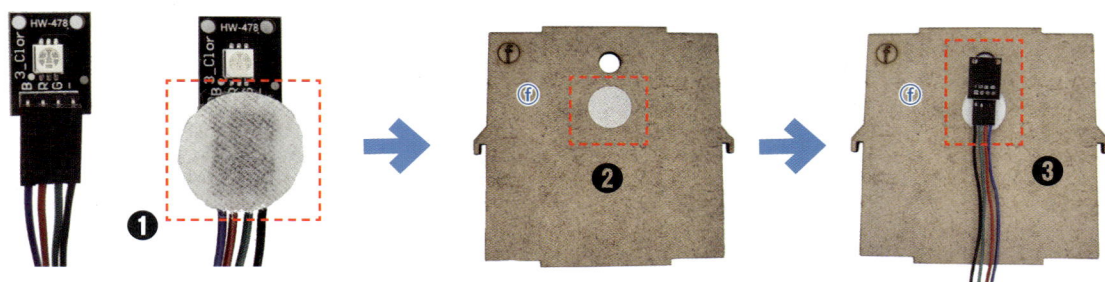

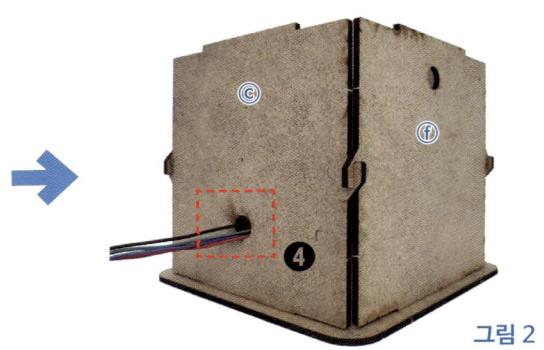

그림 2

① LED 모듈에 점퍼 케이블 색깔을 구별해서 꽂아준 후 LED 모듈 앞쪽에 벨크로를 붙여 줍니다.
(B: 파랑, R: 빨강, G: 초록, - : 검정색)

② 외관 ⓕ의 안쪽에 벨크로를 LED구멍 아래쪽에 붙여 주세요. 이때 LED가 구멍에 잘 위치할 수 있도록 확인 후 LED 모듈에 붙인 벨크로 위치와 맞춰서 붙여 줍니다.

③ 에서 조립한 [그림 1]의 외관 ⓒ와 ⓔ의 걸쇠고리에 외관 ⓕ의 양쪽 걸쇠를 위에서 걸어주고 아래쪽 외관 ⓑ의 홈에 끼워 넣어 [그림 2]와 같이 완성합니다.

④ LED 모듈의 점퍼 케이블을 외관 ⓒ의 아래쪽 구멍으로 정리하여 바깥쪽으로 빼줍니다.

인공지능 재활용 쓰레기통 만들기

 칸막이 서보모터에 결합해서 넣기

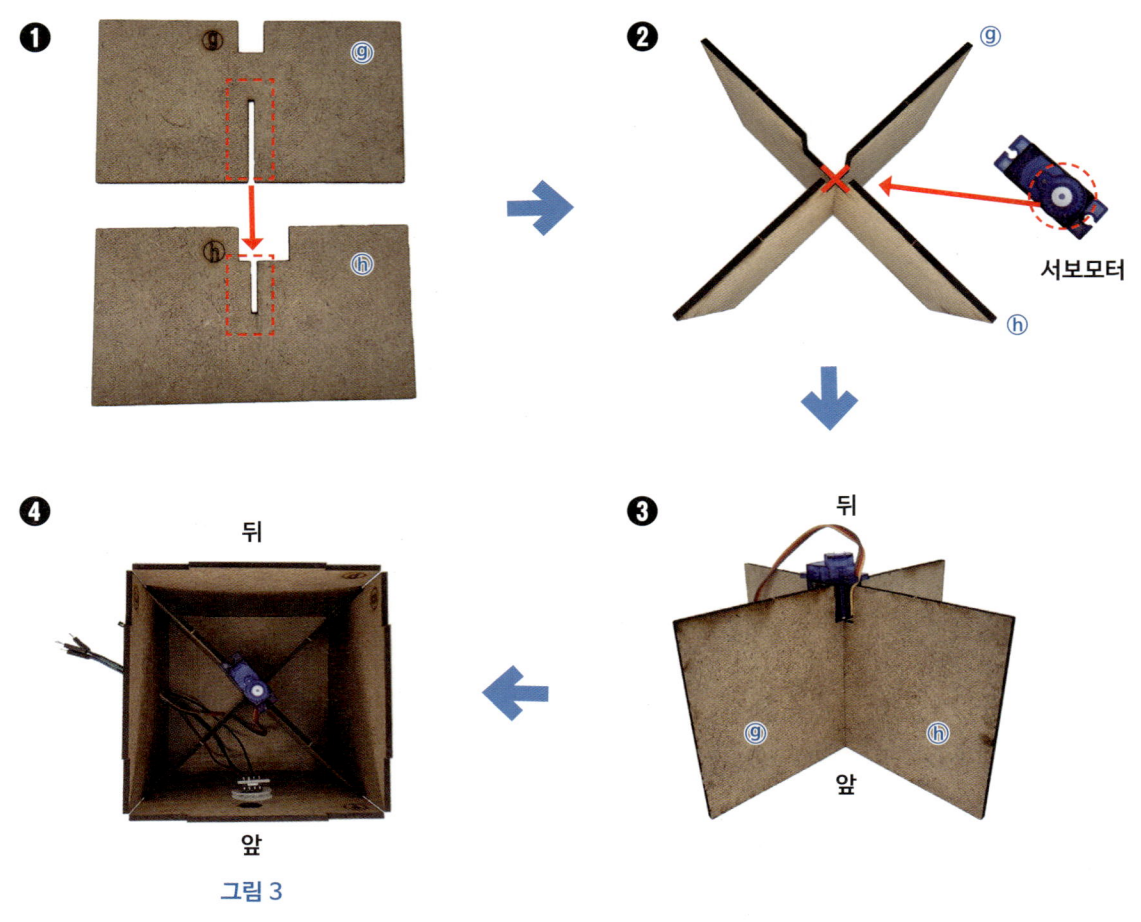

그림 3

① 외관 ⑨의 홈을 외관 ⓗ의 홈에 십자모양으로 교차시켜서 끼워 넣습니다.

② 조립한 외관 ⑨와 ⓗ의 윗부분 홈에 서보모터의 표시된 부분을 교차점에 오도록 끼워 넣습니다.

③ 서보모터의 선을 위로 정리하고 외관 ⑨와 ⓗ를 사진과 같이 놓습니다.

④ ❸에서 조립한 [그림 2]의 외관에 ③의 위치 그대로 외관 ⑨와 ⓗ를 위에서 끼워 넣습니다. 이때 LED 모듈과 서보모터의 점퍼 케이블은 정리하여 맨 아래쪽에 놓고 외관 ⓒ의 아래쪽 구멍으로 빼냅니다.

5 뚜껑 조립하기

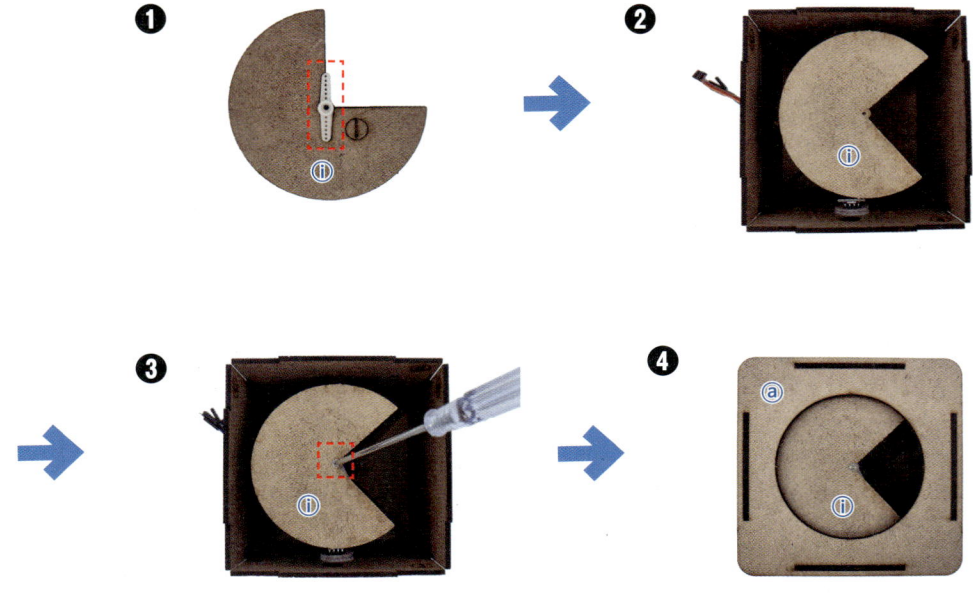

① 외관 ⓘ 위에 표시된 모양에 맞춰 서보모터 혼을 놓고 셀로판 테이프로 단단히 고정합니다.

② 서보모터의 각도를 0도에 맞춘 후 ❹에서 조립한 [그림 3]에 있는 서보모터와 외관 ⓘ를 결합합니다. 이때 중심을 잘 맞춰 줍니다.

③ 둥근접시머리 나사를 외관 ⓘ 중심에 있는 구멍에 놓고 십자드라이버를 사용하여 돌립니다. 이때 손으로 외관 ⓘ를 잡아 외관 ⓘ의 위치가 움직이지 않도록 합니다.

④ 외관 ⓐ를 ❹에서 조립한 [그림 3] 윗부분에 홈을 맞춰 끼워 넣습니다.

완성!

전면   측면

놀면서 배우는 인공지능
with 엔트리와 아두이노

4
위험 신호를 알려요

4 위험 신호를 알려요

 오늘의 준비물

아두이노 우노

USB 케이블

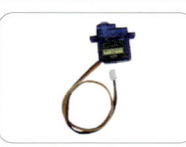
서보모터

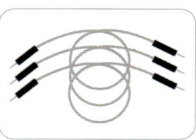
MM 점퍼 케이블 3개

학습 목표

❶ 사람의 신체 위치 정보를 이용하여 구조를 위한 수신호를 만들 수 있다.

❷ 수신호 정보를 읽어 어떤 구조 요청인지 서보모터로 표현할 수 있다.

어려운 상황에서 도움을 요청하는 방법은?

여러분은 도움을 요청하기 어려운 상황에 있었던 적이 있나요?

우리는 전혀 예기치 못한 다급하고 위험하고 어려운 상황을 경험할 수 있습니다. 예를 들어 엘리베이터에 갇히거나, 낯선 사람이 따라 오는 경우, 보이스피싱처럼 모르는 사람의 전화나 문자를 받는 경우, 길을 잃은 경우 등 참 다양한 상황들이 많이 있어요. 여러분이 만약 그런 상황에 처했다면 어떻게 그 상황을 슬기롭게 극복할 수 있을까요? 당황스럽지만 숨을 깊게 들이마시고, 차분하게 생각해보면 분명 해결의 실마리가 있을거에요. 엘리베이터의 비상버튼을 눌러 담당자에게 상황을 알릴 수도 있고, 112나 119에 도움 요청을 할 수도 있고, 주변의 지인, 어른들에게 차분하게 설명하여 도움을 기다릴 수도 있을겁니다.

뉴스를 보면 코로나로 집에 있는 시간이 많아지면서 가정 내 폭력이 많아졌다는 안타까운 소식도 있어요. 내가 아니더라도 누군가가 어려움에 처해 있을 때 도움을 줄 수 있다면 참 좋을 것 같아요. 누군가는 말로 도움을 요청할 수 있겠지만, 그럴 수 없는 상황이라면 도움을 위한 신호를 보내서 요청을 할 수도 있어요. 여러분은 도움을 위한 신호를 얼마나 알고 있나요?

국제적으로 통일되어 있는 구조 요청 신호가 있다는 것을 알고 있나요? 이 신호는 국내/외 조난 시 사용 가능하고 여러 사고들을 최소화 할 수 있기 때문에 여러분도 이번 기회에 익혀보면 어떨까요?

◎ 구조 요청 신호는 깃발, 호루라기, 등불, 헤드램프, 야호 소리 등을 이용
  - 구조 요청 신호 : 1분에 6회 짧게 신호, 1분 쉬고, 1분에 6회 짧게 신호
  - 구조 응답 신호 : 1분에 3회 길게 신호, 1분 쉬고, 1분에 3회 길게 신호

💡 도움을 요청하기 어려운 상황에 놓인 경우나, 주변 사람이 그런 상황에 처해 있던 상황을 본 적이 있나요?

💡 해결되었다면 어떤 방법이었는지, 해결되지 않았다면 어떤 도움이 있었더라면 하는 아쉬움은 무엇인가요?

놀면서 배우는 인공지능

스포츠에도 수신호가 있어요

다양한 스포츠에서 사용되는 수신호에 대해 이야기해 보세요.

💡 여러분이 구경하거나 경험한 스포츠 경기의 수신호는 어떤 것이 있나요? 혹시 친구들에게 소개하고 싶은 수신호가 있을까요?

# 학습 데이터 찾기 1

  팔과 다리를 이용하여 다양한 신체 신호를 만들어요.

💡 간단한 스케치로 여러분만의 신호를 표현해 보세요.

학습 데이터 찾기 2

얼굴, 어깨, 손목, 팔 등 상체만 이용하여 도움을 요청하는 신호를 그려 보고, 어떤 의미인지 이야기 해보세요.

💡 다른 친구의 신호를 보고 인상적이었거나 공감하는 신호를 그려 주세요.

학습 데이터 만들기

* 여러 신체 신호 데이터와 아두이노에 서보모터를 연결하여 데이터셋을 만들어보세요.

 **데이터셋 정의** | 신체 신호 + 서보모터 각도 지정

엔트리에서 이미지 감지 기능으로 상체의 특정 동작을 신호로 설정한 후, 아두이노에 연결된 출력 장치 서보모터로 확인합니다. 인공지능에게 동작 데이터와 주변 환경을 구분할 수 있도록 배경을 기본 데이터로 만들어 주세요.

* 주변 이미지와 동작 인식 이미지를 구분하여 인식하도록 하기 위해서 기본 데이터를 설정해 줍니다.

데이터	신호이미지	서보모터
배경(기본)	없음	0도
낯선 사람이 따라와요	(그림)	30도
		70도
		110도
		150도

놀면서 배우는 인공지능

학습 및 훈련 시키기

※ 엔트리와 아두이노 연결하기는 교재 시작 부분의 [아두이노 만나기]를 참고하세요.

학습 01 인공지능 비디오 감지하기

① 블록꾸러미 [인공지능]을 선택한 후 [인공지능 블록 불러오기]를 클릭합니다.

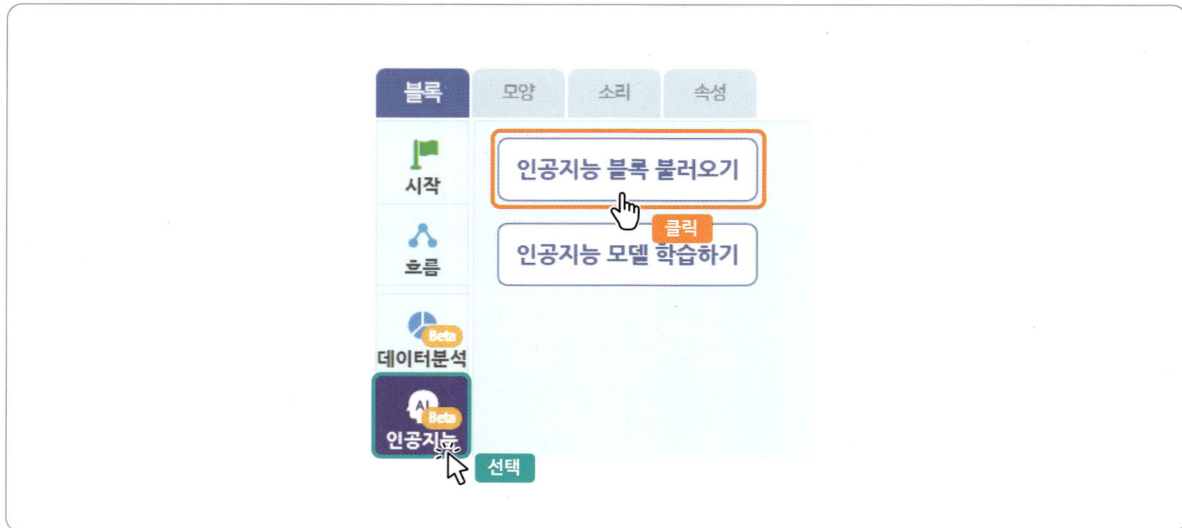

② [비디오감지]를 선택한 후 [불러오기]를 클릭합니다.

③ 비디오 감지 블록이 로딩중이라는 화면과 함께 로딩 시간이 1분 가까이 지속됩니다.
로딩이 끝나면 화면 오른쪽 하단에 [로딩완료] 창이 뜹니다.

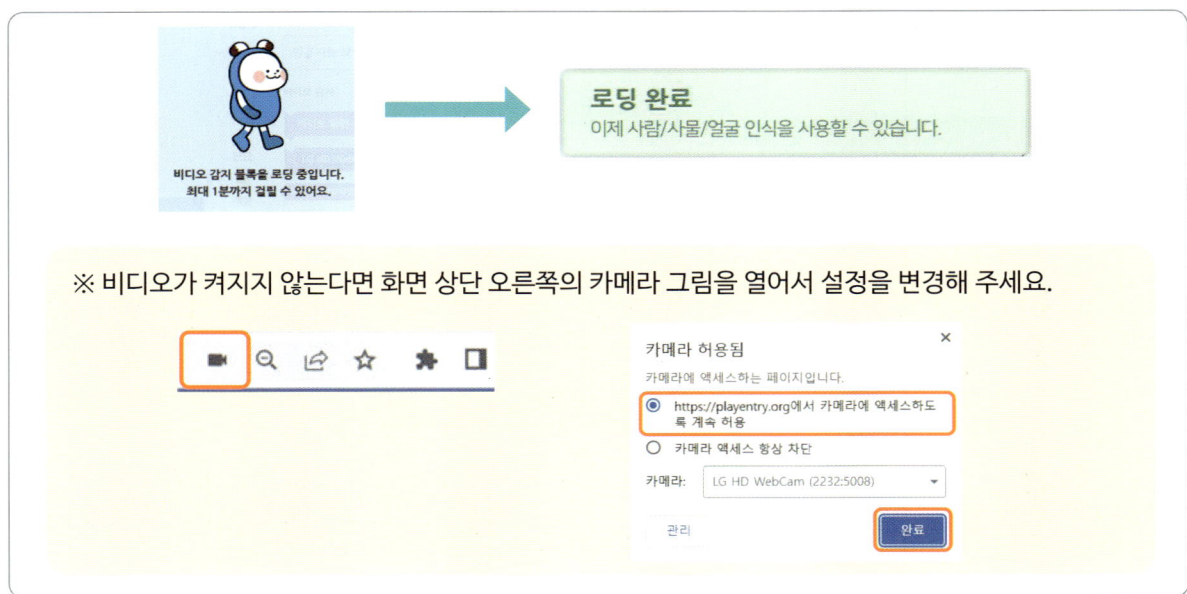

④ 엔트리 화면이 나타나면 블록꾸러미 [인공지능]에 비디오 감지 인공지능 블록들이 만들어진 것을 확인할 수 있습니다.

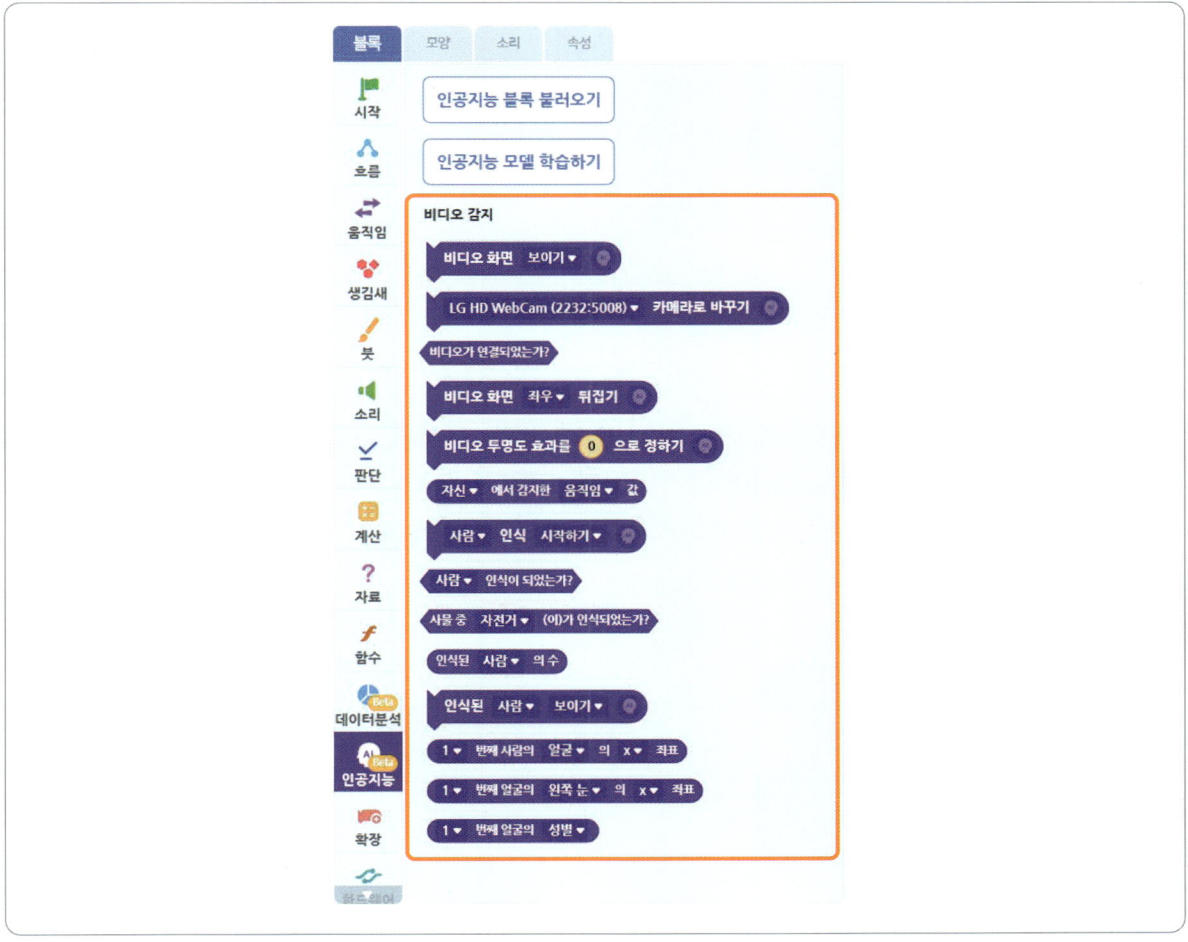

놀면서 배우는 인공지능 111

⑤ [비디오 화면 보이기] 블록을 가져와서 엔트리 화면의 배경이 비디오 화면으로 잘 나오는지 확인합니다. 만약 나오지 않는다면 엔트리를 종료했다가 다시 접속하여 ①번 과정부터 시도합니다.

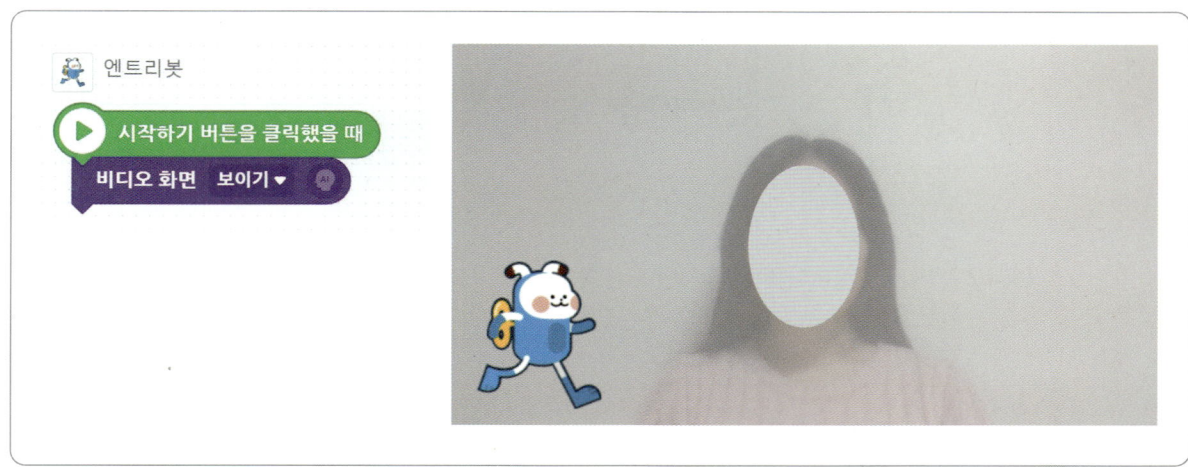

⑥ [비디오 투명도 효과를 ~으로 정하기] 블록을 가져와서 엔트리 화면의 비디오 배경 화면의 투명도를 원하는 값으로 변경합니다. (기본값: 50)

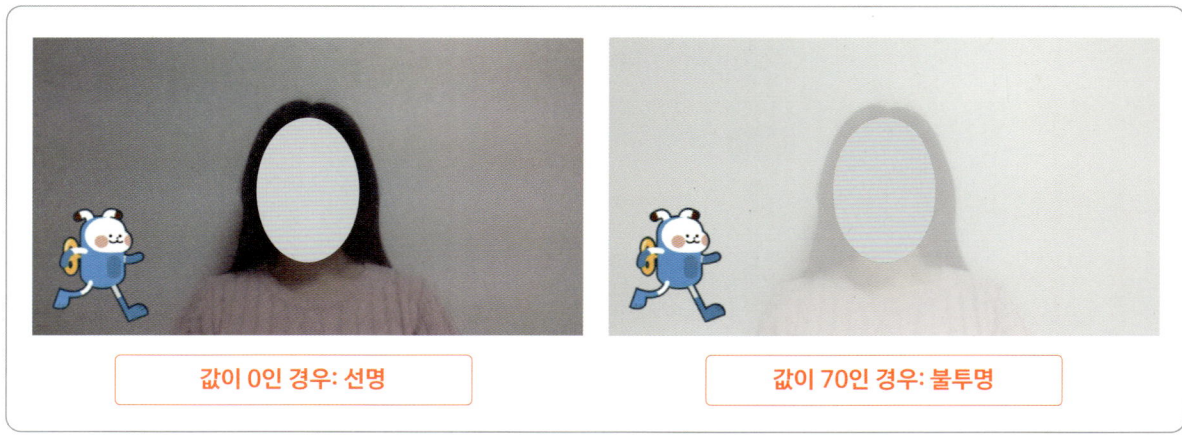

⑦ [사람 인식 시작하기] 블록과 [인식된 사람 보이기] 블록을 가져와서 실행시키면 화면에 다양한 신체의 좌표가 점으로 표시되어 나타납니다. 다양한 동작을 취하여 각 신체 위치가 잘 인식되는지 확인합니다. 카메라와 거리가 너무 멀거나 가까우면 제대로 인식을 하지 않을 수 있으므로, 점으로 잘 인식되는 적정한 거리를 찾습니다.

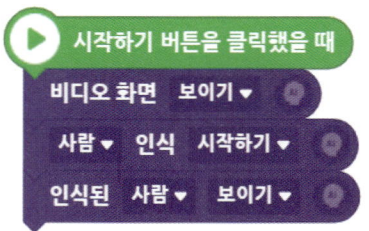

⑧ 얼굴의 여러 검은 점이 의미하는 것은 무엇일까요?
   [1번째 사람의 얼굴의 x좌표] 블록을 가져와 얼굴의 ▼을 눌러 다른 신체 부위의 이름을 살펴봅니다.

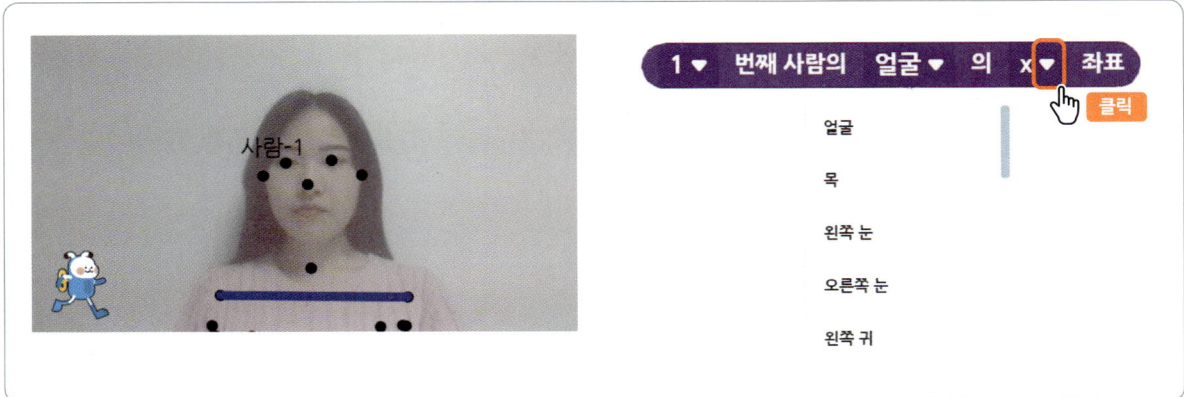

⑨ 얼굴 외에 상체나 왼쪽, 오른쪽 팔과 손목을 화면에 비춰봅니다.

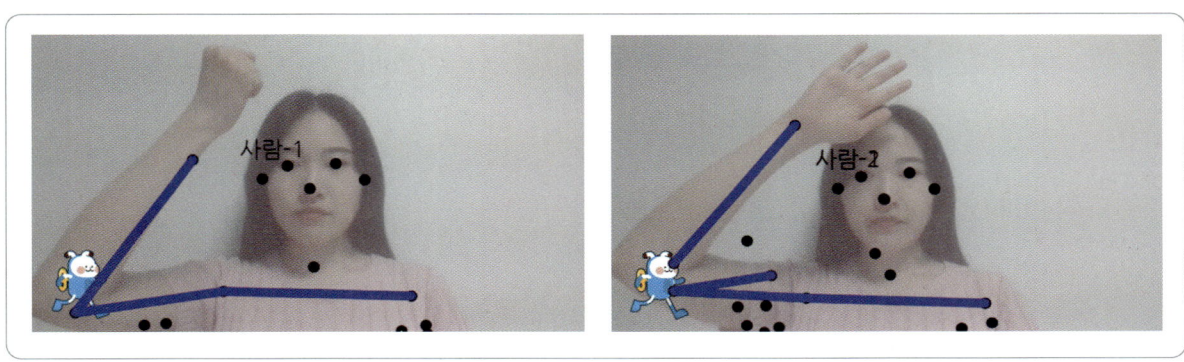

※ 비디오가 감지하는 신체 부위는 [얼굴, 목, 왼쪽 눈, 오른쪽 눈, 왼쪽 귀, 오른쪽 귀, 왼쪽 어깨, 오른쪽 어깨, 왼쪽 팔꿈치, 오른쪽 팔꿈치, 왼쪽 손목, 오른쪽 손목, 왼쪽 엉덩이, 오른쪽 엉덩이, 왼쪽 무릎, 오른쪽 무릎, 왼쪽 발목, 오른쪽 발목] 입니다.

왼쪽 어깨	오른쪽 엉덩이
오른쪽 어깨	왼쪽 무릎
왼쪽 팔꿈치	오른쪽 무릎
오른쪽 팔꿈치	왼쪽 발목
왼쪽 손목	오른쪽 발목

놀면서 배우는 인공지능

학습 02 ▶ 데이터 학습하기

입력한 데이터와 조건으로 모델을 학습합니다.

① 데이터셋에서 정한 신호 이미지를 기반으로 신체 동작 신호를 정합니다.
   신체 부위의 위치를 표현하는 모든 점은 좌표(x좌표와 y좌표)로 표시할 수 있습니다.
   ※ x좌표(왼쪽(-), 오른쪽), y좌표(위쪽, 아래쪽(-))를 의미합니다.

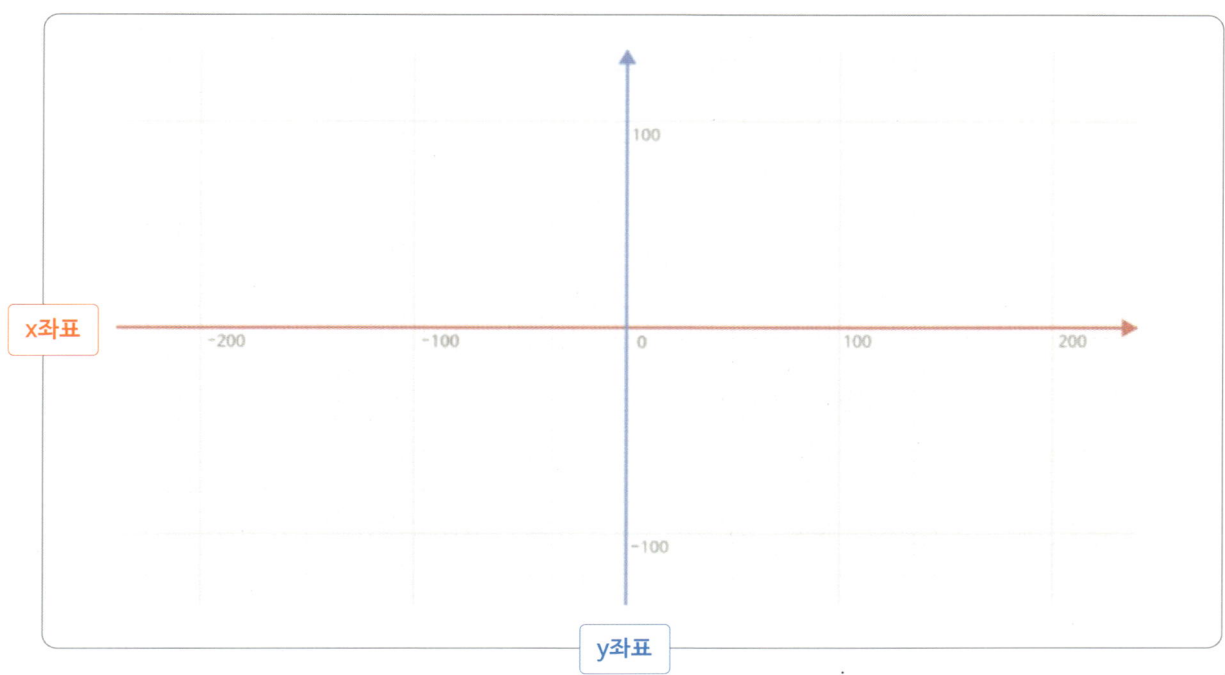

예를 들어 [낯선 사람이 따라와요]의 수신호는 왼쪽 팔꿈치와 왼쪽 손목이 거의 일직선입니다.
(왼쪽 팔꿈치의 y좌표와 왼쪽 손목의 y좌표의 차이가 작습니다. 코딩블록에서 절댓값으로 확인)

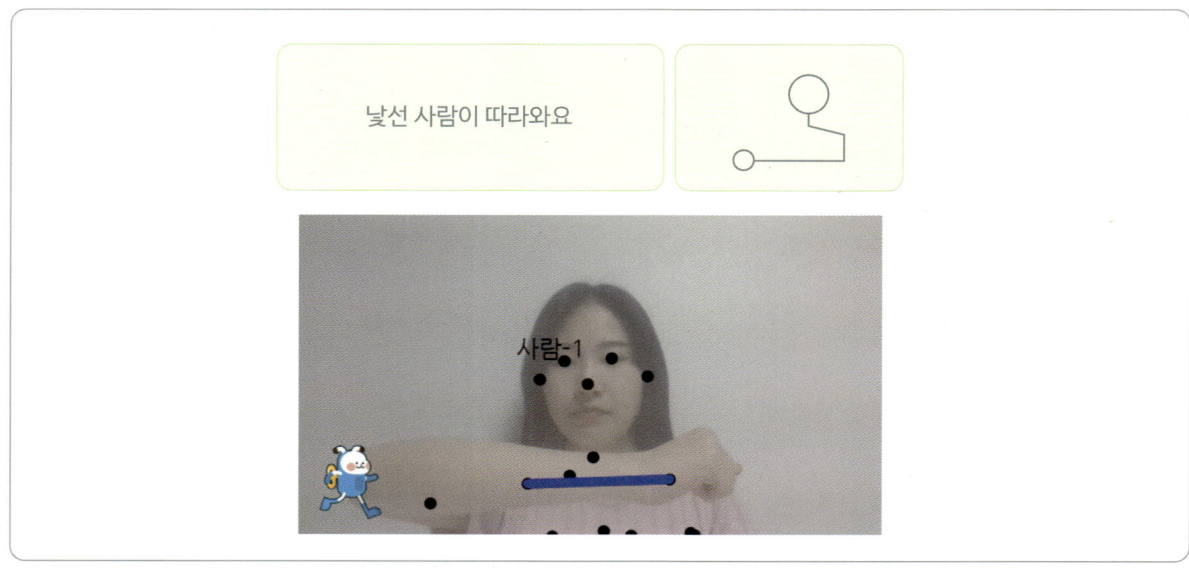

코드 01 ▶ 코드 작성하기

※ [시작하기] 버튼을 클릭했을 때 코드를 작성합니다.

① 엔트리봇을 작게 만든 후, 화면 왼쪽 하단에 위치시킵니다. [인공지능] 꾸러미에서 아래의 블록을 가져와서 연결합니다.

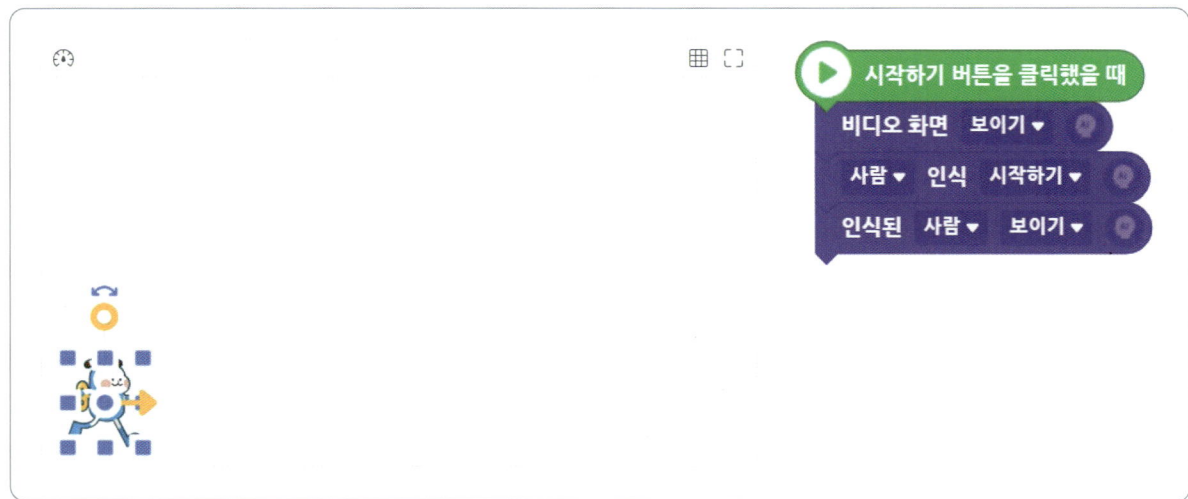

② 왼쪽 팔꿈치와 왼쪽 손목의 좌표값을 위해 변수를 만듭니다. [자료] 블록 꾸러미에서 [변수 만들기]를 클릭합니다.

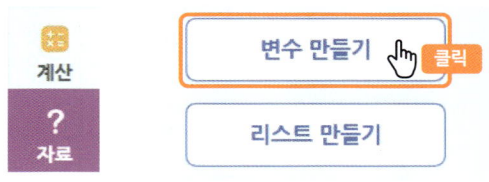

③ 변수를 총 3개를 만듭니다. (예: 왼쪽팔꿈치, 왼쪽손목, y좌표거리차) 변수이름은 알기 쉽게 만듭니다.

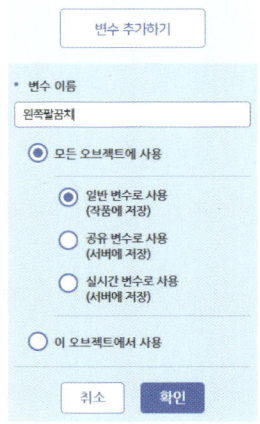

④ [자료] 꾸러미에서 새로 생긴 변수 블록들을 확인할 수 있습니다.

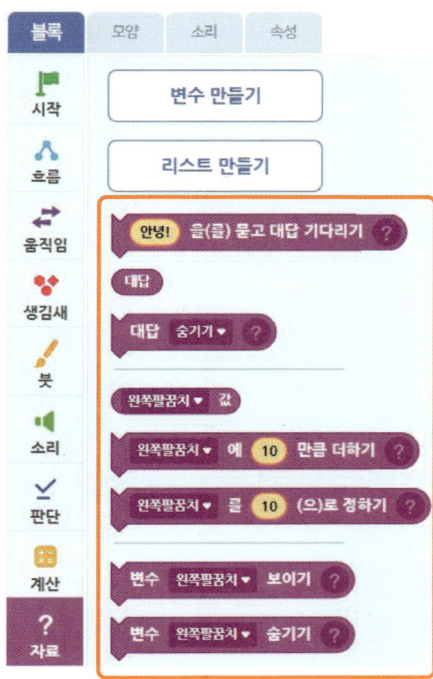

⑤ 각각의 변수에 각 신체 부위의 y좌표 값을 넣습니다. [y좌표거리차] 값은 왼쪽팔꿈치 변수값에서 왼쪽손목 변수값을 뺀 값으로 선언합니다. (절댓값으로 비교할 것이므로 두 변수값의 순서가 바뀌어도 됩니다.)

⑥ 프로그램을 실행해보면 [y좌표거리차] 값이 양수, 음수로 나오는 걸 확인할 수 있습니다. [계산] 꾸러미의 [~의 ~] 블록을 사용해 항상 양수가 나오도록 합니다. ([제곱]옆의 ▼을 눌러 제일 아래쪽의 절댓값으로 변경합니다.)

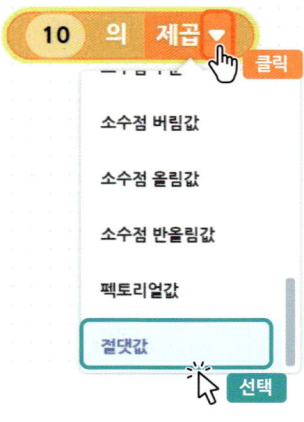

⑦ [y좌표거리차 값의 절댓값]이 20보다 작은 경우를 올바른 신체 신호로 인정합니다.
손목과 팔꿈치가 거의 수평일 때 절댓값이 작고, 수직에 가까워질수록 값이 커집니다.

⑧ 변수값은 항상 체크해야 하므로 [계속 반복하기] 블록 안에 넣습니다.
신체 동작 인식 완성 코드는 다음과 같습니다.

코드 02 ▶ 코드 실행하기

※ 작성한 코드가 잘 작동하는지 확인합니다.

① 엔트리 실행창의  버튼을 클릭한 후, 비디오 화면에서 자신의 왼쪽 손목과 팔꿈치의 위치를 다양하게 이동시켜 봅니다.

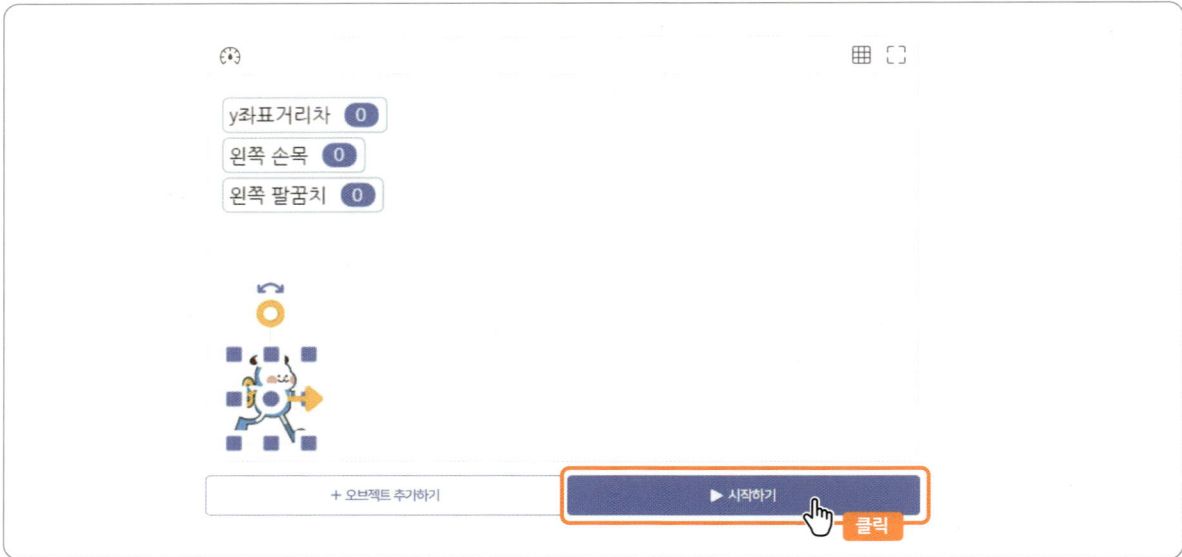

② 3개의 각 변수의 값이 바뀌는 것을 확인합니다. y좌표거리차가 20보다 작으면 [낯선 사람이 따라와요]라고 엔트리봇이 말을 합니다. 데이터셋에서 작성한 신호 이미지를 바탕으로 엔트리봇이 말하는 내용을 다양하게 활용합니다.

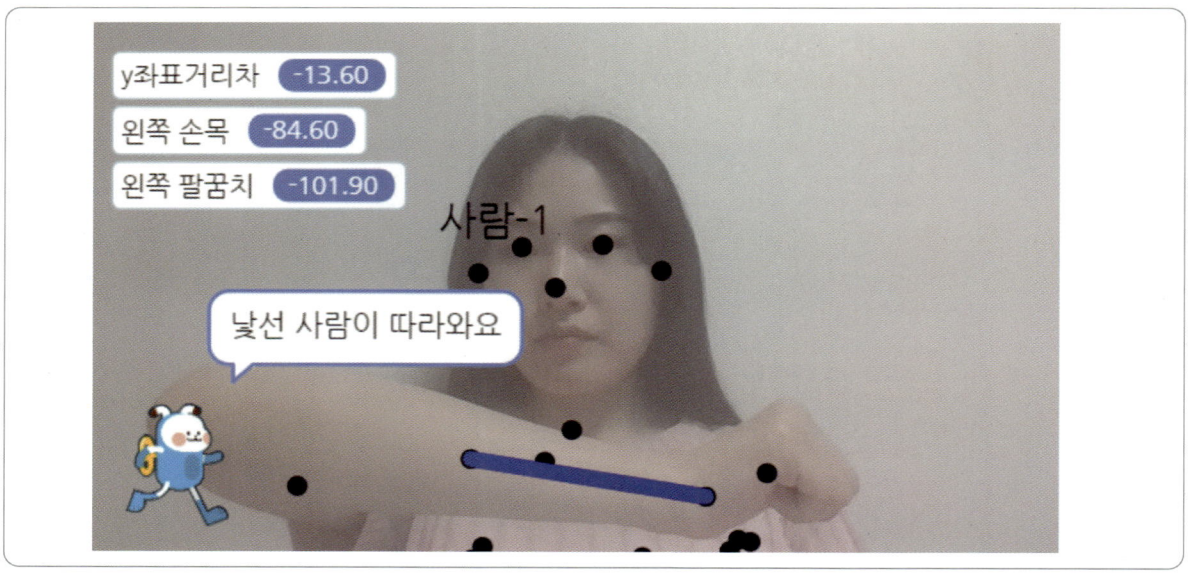

인공지능 만들기

엔트리 인공지능 블록으로 신체 신호를 인식하여 아두이노(서보모터)로 표현하고 위험 신호를 알려주는 알림판을 만듭니다. (위험 신호 알림판 공작재료 제공, 조립도 참고)

 **아두이노에 LED와 서보모터 연결하기**

※ 엔트리와 아두이노 연결하기는 교재 시작 부분의 [아두이노 만나기]를 참고하세요.
　연결된 아두이노에 아래와 같이 서보모터를 연결합니다.

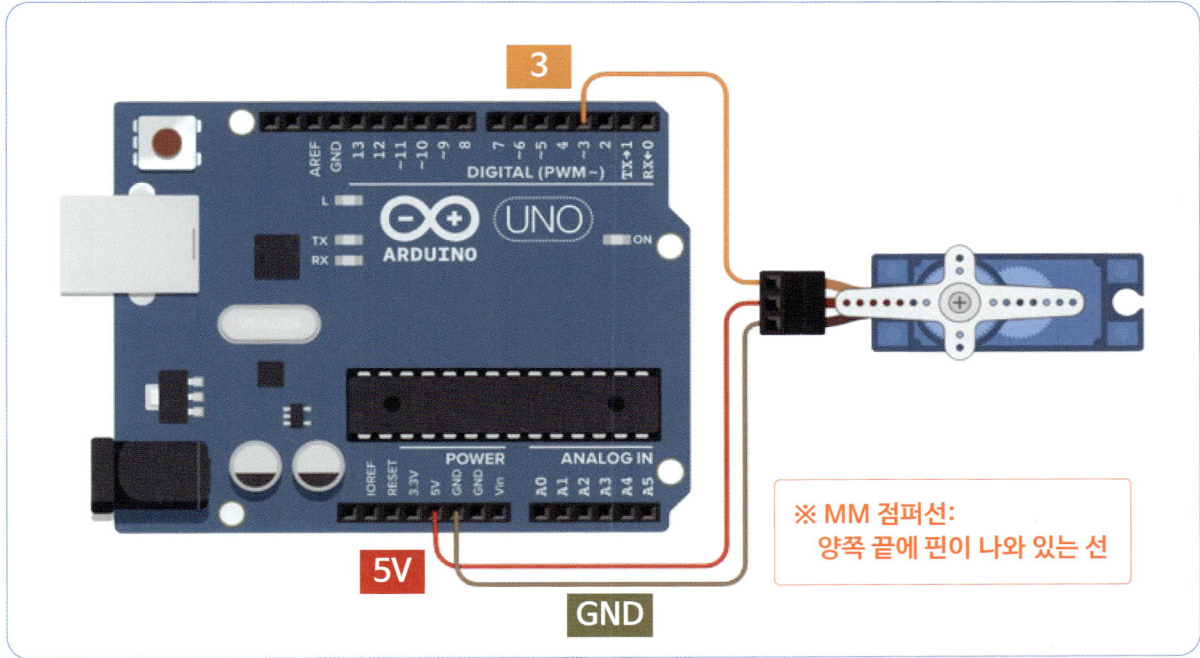

※ MM 점퍼선:
양쪽 끝에 핀이 나와 있는 선

* MM(수수) 점퍼 케이블을 이용하여 서보모터의 주황선은 디지털 3번(주황), 빨강선은 전원핀의 5V(빨강), 갈색선은 전원핀의 GND(갈색)에 연결합니다.

① [시작하기] 버튼을 클릭했을 때 서보모터 각도가 0이 되도록 아래와 같이 코딩한 후, 서보모터에 날개(혼)를 위의 그림과 같이 끼워주세요. (혼의 위치 초기화 설정 과정입니다.)

② 서보모터의 각도를 90도 또는 180도로 변경한 후, 모터가 잘 동작하는지 테스트해주세요.
　(서보모터가 동작하지 않는다면, 서보모터의 연결을 해제한 후 다시 연결하여 시도해 주세요.)

활용 방법 및 상상 더하기

1 만들어진 인공지능 모델을 어떻게 사용하고 싶은지 생각해 보세요.

2 어떤 새로운 데이터를 넣어서 인공지능 모델을 만들면 좋을지 생각해 보세요.

아이디어 스케치

인공지능 위험 신호 알림판 만들기

1. 공작재료 준비하기

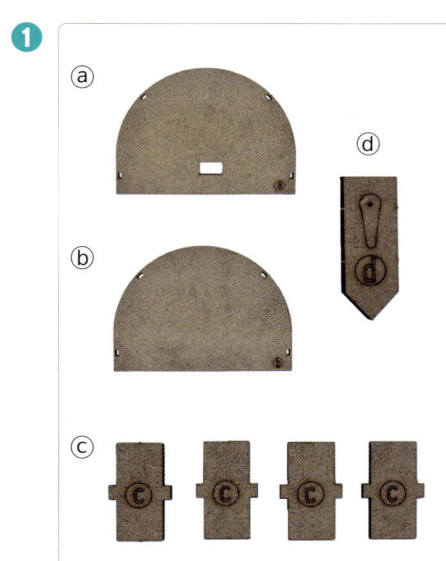

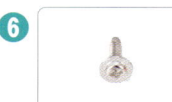

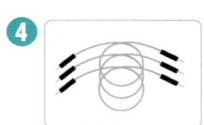

❶ 위험 신호 알림판 외관
❷ 아두이노 UNO
❸ USB 케이블
❹ MM 점퍼 케이블 3개
❺ 서보모터 & 날개
❻ 둥근머리접시 나사
❼ 십자 드라이버
❽ 셀로판 테이프
❾ 알림판 활동지(부록 11)

2. 알림판 활동지 작성하기

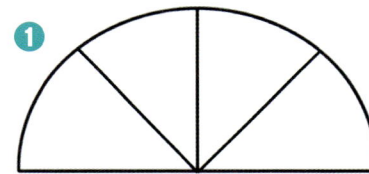

① 알림판 활동지(부록 11)를 오려줍니다.
② 4개의 칸 안에 데이터셋에서 작성한 데이터로 작성합니다.

3. 외관 조립하기

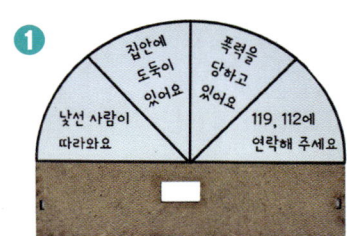

① 완성한 활동지를 셀로판 테이프를 사용해 외관 ⓐ에 붙입니다.
② 외관 ⓐ를 뒤집어 4개의 외관 ⓒ를 그림과 같이 홈에 끼워 넣습니다.

인공지능 위험 신호 알림판 만들기

 4 서보모터와 방향 화살표 연결하기

① 서보모터를 0도로 초기화 한 후, 그림처럼 날개가 1인 혼을 끼워 넣습니다.

② 혼이 고정된 서보모터를 외관 ⓐ의 구멍 아래에서 위 방향으로 끼워 넣습니다.

③ 외관 ⓓ를 그림과 같이 혼 위에 위치시킨 후, 나사와 십자 드라이버로 고정합니다.

 5 인공지능 위험 신호 알림판 완성하기

① 외관 ⓒ의 나머지 돌기를 외관 ⓑ의 홈에 끼워 넣습니다.

완성!

  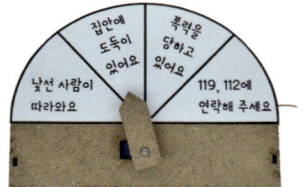 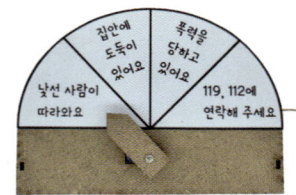

▲ 서보모터 각도(30도)   ▲ 서보모터 각도(70도)   ▲ 서보모터 각도(110도)   ▲ 서보모터 각도(150도)

놀면서 배우는 인공지능 재미있었나요?

지금까지 나만의 인공지능 모델을 만들고, 인공지능 기술로 다양한 메이커 활동을 해봤습니다. 이러한 학습을 통해 인공지능이 무엇인지 이해할 수 있었나요?

우리 주변에서 흔히 볼 수 있는 현황에 대해 문제의식을 갖고, 이를 인공지능으로 해결하기 위해서 여러 학습 데이터를 찾아보고, 학습 데이터를 훈련시켜 인공지능 모델을 만들어 보았어요.

인공지능 모델을 만드는 과정에서 친구들과 얘기를 나누면서 인공지능과 함께 살아갈 여러분의 모습은 어떨지 생각해 보는 좋은 시간이었기를 바래요.

이 책에서는 엔트리 코딩을 통해 아두이노와 연결하여 다음과 같이 4가지 메이커 활동을 했어요.

- 글자 모양을 학습시켜 다양한 색깔의 무드등 만들기 메이커 활동
- 표정을 학습시켜 웃는 얼굴/슬픈 얼굴 표정 만들기 메이커 활동
- 쓰레기를 학습시켜 재활용 쓰레기통을 만드는 메이커 활동
- 위험신호 모션을 학습시켜 위험신호를 알리는 알림판 메이커 활동

우리가 배운 학습의 전체 흐름은 다음 그림과 같아요.

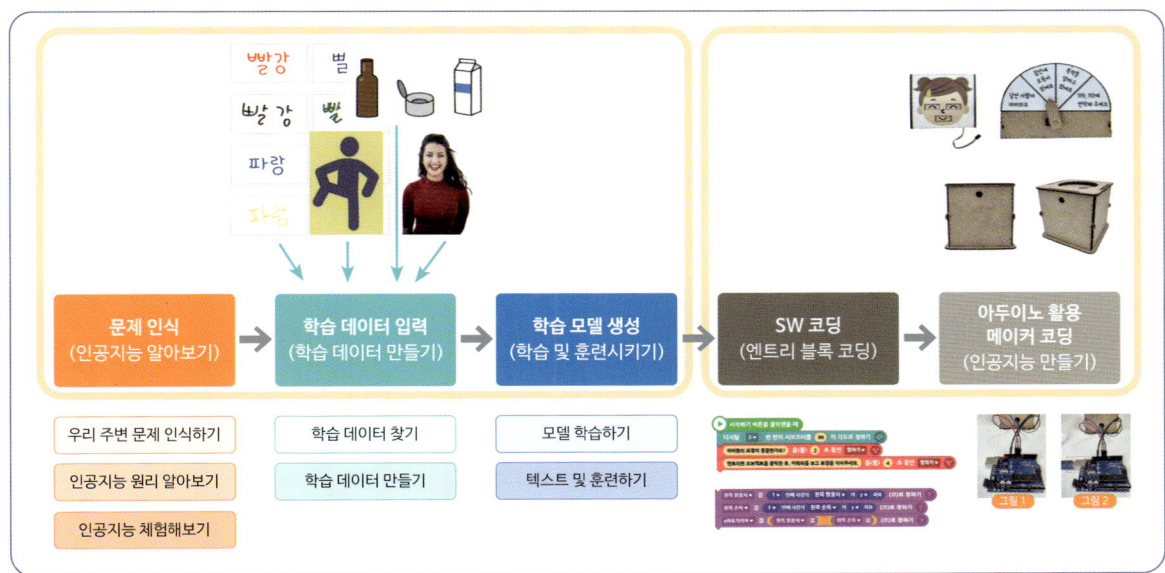

이 중 어떤 활동이 제일 재미있었고, 여러분 실생활에 바로 적용할 수 있었나요?

이 책의 학습목표는 놀이처럼 메이커 활동을 하면서 "인공지능과 친해지기!"였어요. 다음 교재에서는 아두이노의 더 많은 센서들을 연결하여 다양하게 응용하면서 인공지능을 만들 예정입니다. 또한 인공지능 윤리에 대해서도 토론해보는 시간을 갖도록 할게요.

여러분이 미래사회의 핵심기술인 인공지능과 친숙해지고, 주체적으로 활용하면서 적응할 수 있는 창의 융합 인재로 성장하기를 바라며, 다음 편에서 만나요~~!

 부록 1 가위로 잘라 사용하세요.

놀면서 배우는 인공지능 125

 **부록 2** 가위로 잘라 사용하세요.

부록 3 가위로 잘라 사용하세요.

놀면서 배우는 인공지능 129

 **부록 4**　　가위로 잘라 사용하세요.

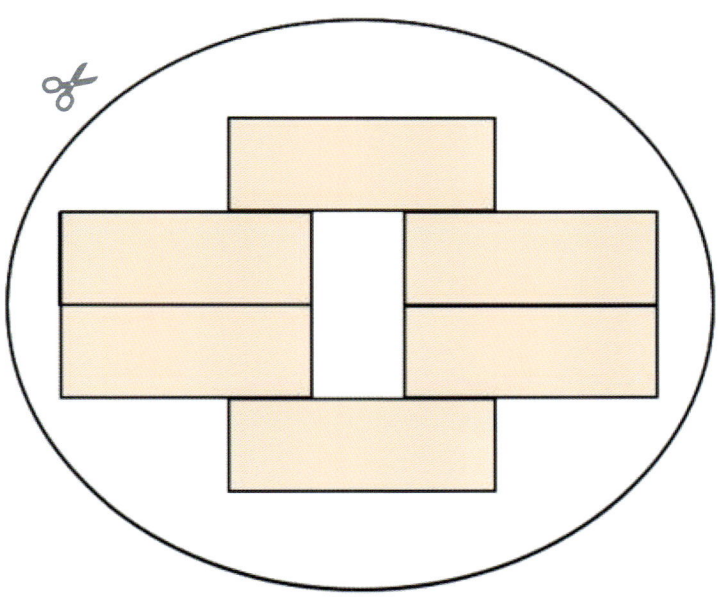

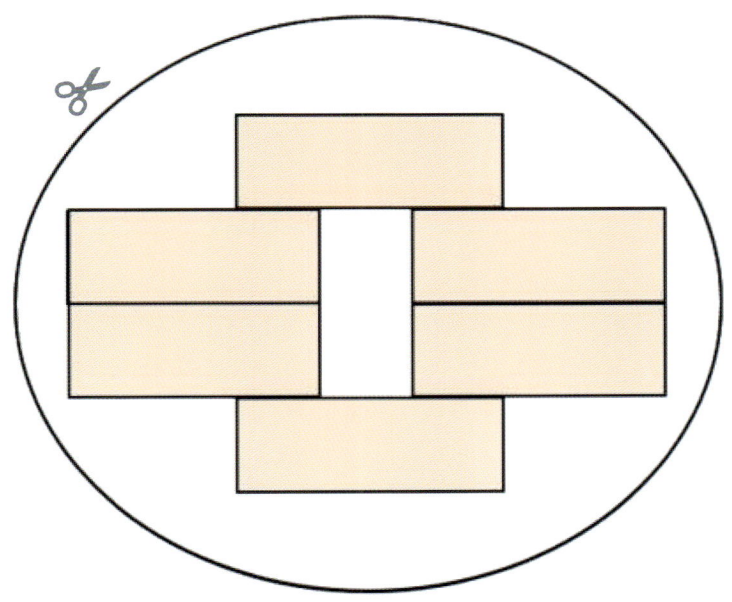

 가위로 잘라 사용하세요.

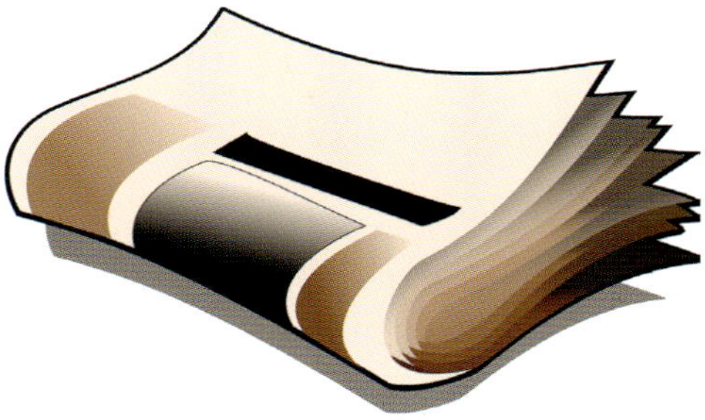

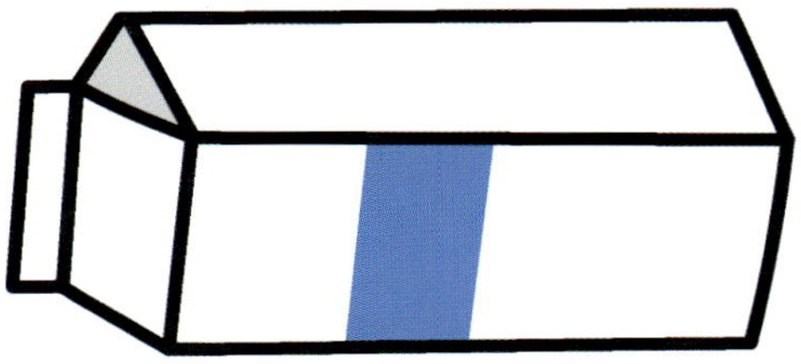

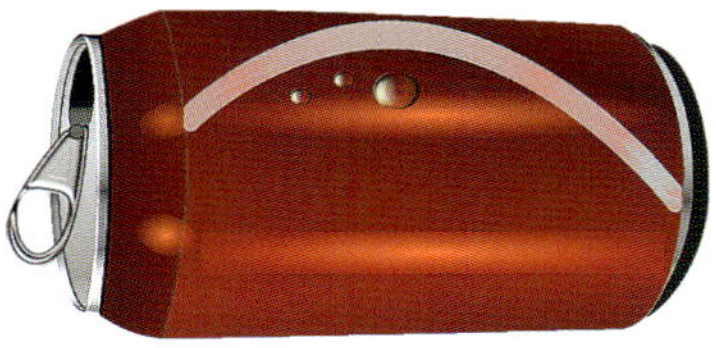

 **부록 6**　　가위로 잘라 사용하세요.

 **부록 7** 가위로 잘라 사용하세요.

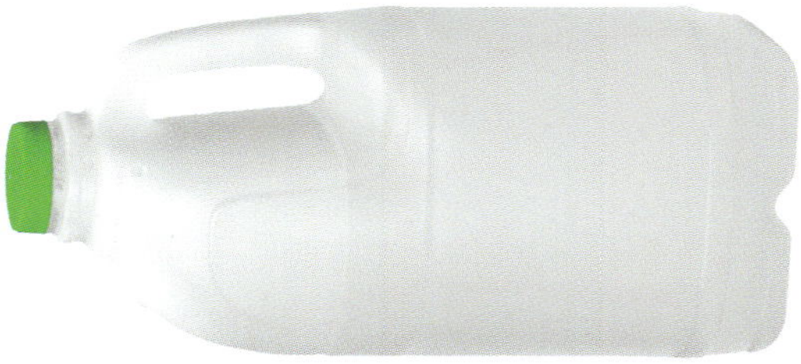

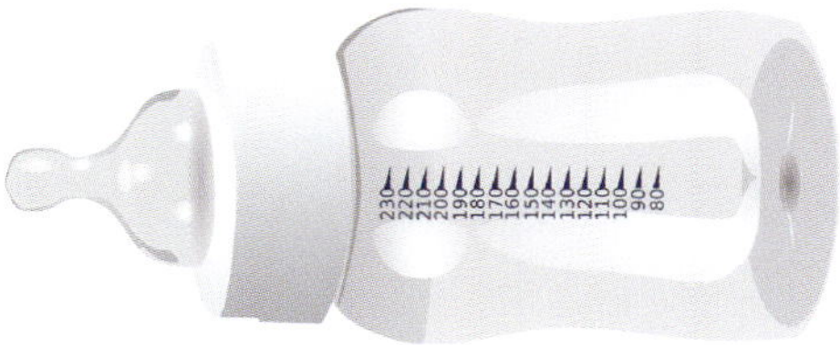

 **부록 8**　　가위로 잘라 사용하세요.

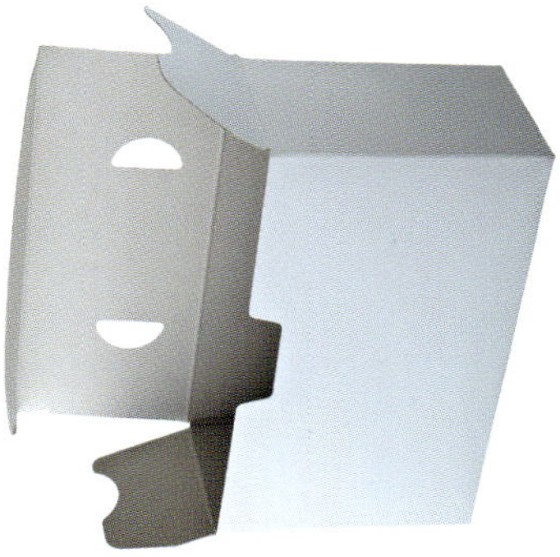

 **부록 9** 가위로 잘라 사용하세요.

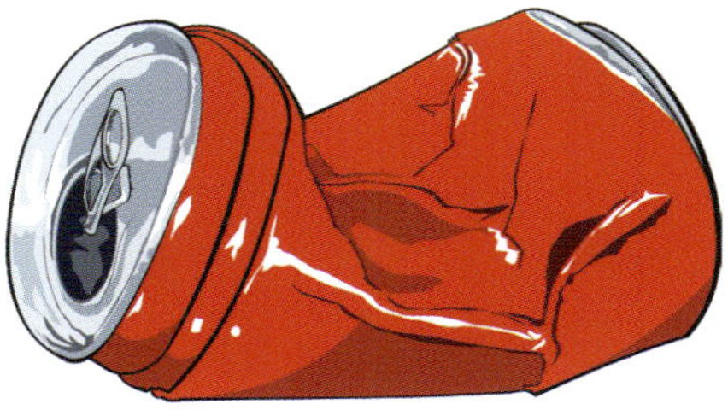

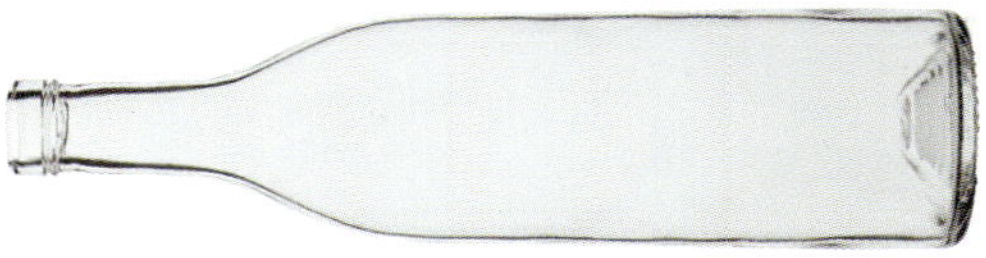

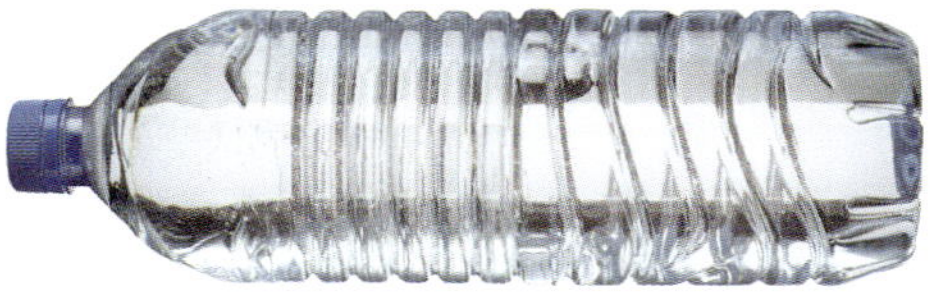

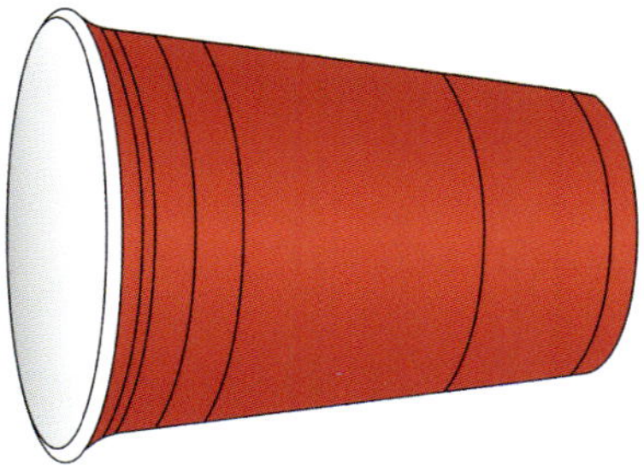

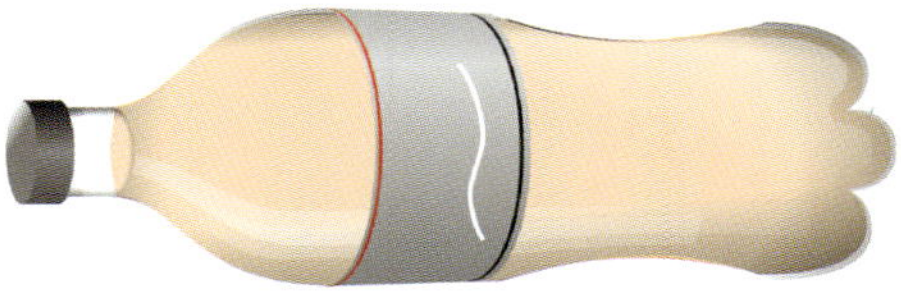

 가위로 잘라 사용하세요.

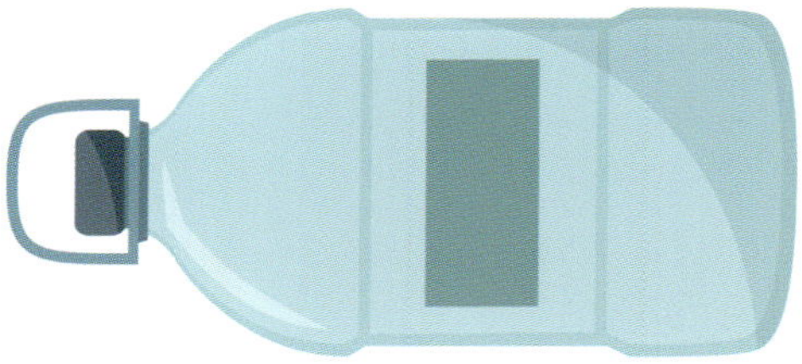

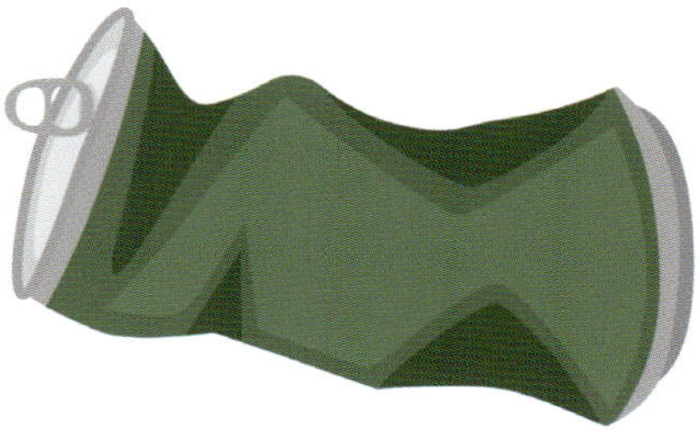

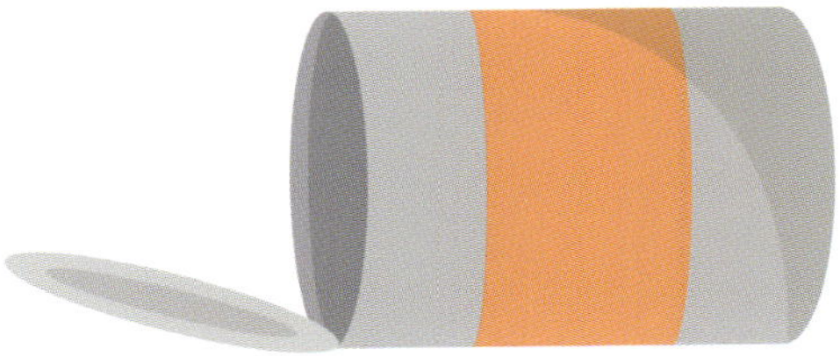

 가위로 잘라 사용하세요.

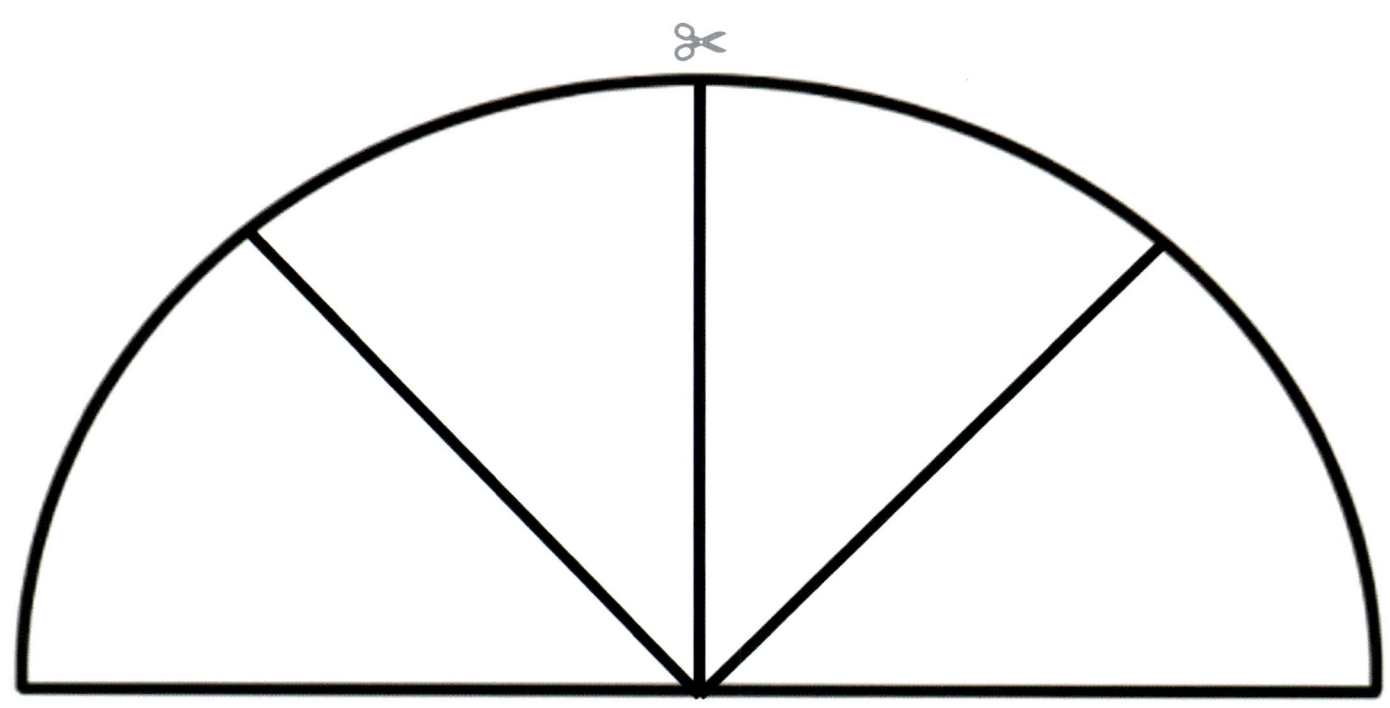

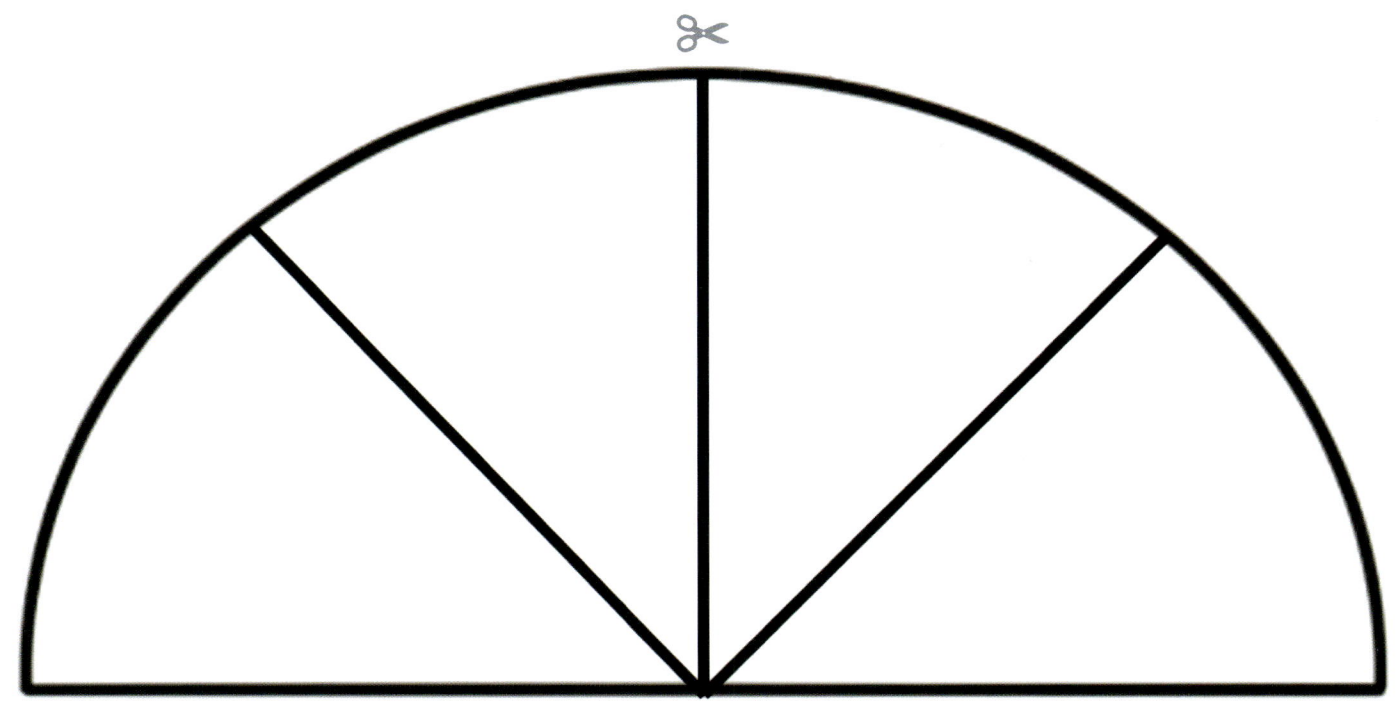